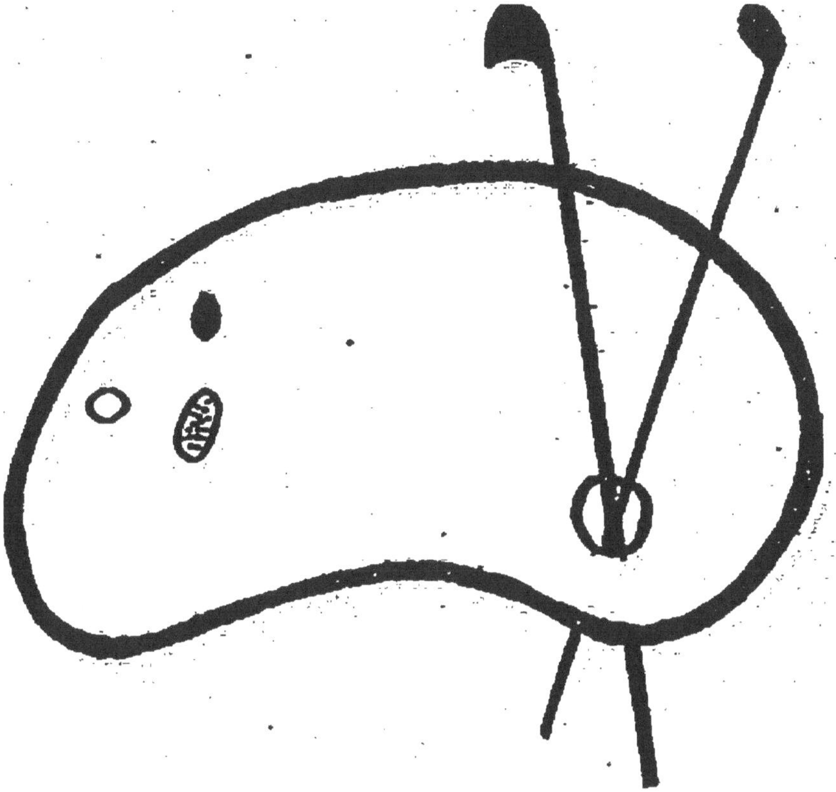

COUVERTURE SUPERIEURE ET INFERIEURE
EN COULEUR

LES LOIS
MORALES, RELIGIEUSES ET CIVILES
DE MAHOMET,

EXTRAITES DU KORAN,

TRADUCTION DE SAVARY.

TOME SECOND.

A PARIS,

CHEZ VICTOR LECOU, LIBRAIRE,
RUE DU BOULOI, N° 10.

1850

NOUVELLE COLLECTION
DES
MORALISTES ANCIENS,
PUBLIÉE
SOUS LA DIRECTION DE M. LEFÈVRE.

Moïse, David, Salomon, etc.; Morale de la Bible; 4 vol.

Confucius et Mencius, livres classiques de philosophie morale et politique de la Chin 3 vol.

Manou, législateur de l'Inde, ses Lois morales; 1 vol.

Zoroastre, ses Lois morales. — Saadi, le Livre des conseils; 1 vol.

Jésus-Christ et ses Apôtres, Morale de Jésus-Christ et des Apôtres; 2 vol.

Mahomet, ses Lois morales, religieuses et civiles, extraites du Koran; 2 vol.

Socrate, ses Entretiens mémorables, etc.; 2 vol.

Platon, Pensées sur la Religion, la Morale et la Politique; 1 vol.

Platon, Phédon, ou de l'immortalité de l'âme; 1 vol.

Moralistes grecs: Épictète, Cébès, Théognis, Phocylide, les sept Sages de la Grèce, Pythagore, etc.; 1 vol.

Plutarque, Œuvres morales; 2 vol.

Marc-Aurèle-Antonin, ses Pensées; 2 vol.

Cicéron, des Devoirs; 1 vol.

Sénèque, ses Pensées; 1 vol.

Paris. Typographie Plon frères, rue de Vaugirard, 36.

NOUVELLE COLLECTION
des
MORALISTES ANCIENS

publiée

SOUS LA DIRECTION DE M. LEFÈVRE.

PARIS. — IMPRIMÉ PAR PLON FRÈRES,
36, RUE DE VAUGIRARD.

LES LOIS
MORALES, RELIGIEUSES ET CIVILES
DE MAHOMET,

EXTRAITES DU KORAN,

TRADUCTION DE SAVARY

TOME SECOND.

A PARIS,
CHEZ VICTOR LECOU, LIBRAIRE,
RUE DU BOULOI, N° 10.

1850

LES LOIS DE MAHOMET,

PREMIÈRE PARTIE.
MORALE.

INTRODUCTION [1].

Au nom de Dieu clément et miséricordieux [2].

Louange à Dieu souverain des mondes !
La miséricorde est son partage.
Il est le roi du jour du jugement.
Nous t'adorons, Seigneur, et nous implorons ton assistance.

[1] C'est le premier chapitre du Korân.
[2] Cette invocation est, le ch. ix excepté, à tous les chapitres du Korân. Elle est pour les Mahométans ce que le signe de la croix est pour les Chrétiens.

Dirige-nous dans le sentier du salut ;

Dans le sentier de ceux que tu as comblés de tes bienfaits ;

De ceux qui n'ont point mérité ta colère, et se sont préservés de l'erreur.

Du Korân[1].

1. Il n'y a point de doute sur ce livre, il est la règle de ceux qui craignent le Seigneur ;

De ceux qui croient aux vérités sublimes, qui font la prière, et versent dans le sein des pauvres une portion des biens que nous leur avons donnés ;

De ceux qui croient à la doctrine que nous t'avons envoyée du ciel, et aux Écritures, et qui sont fermement attachés à la croyance de la vie future.

Le Seigneur sera leur guide, et la félicité leur partage.

Pour les infidèles, soit que tu leur

---

[1] Le mot *Korân* veut dire *lecture*. Voy. tom. I, pag. 59.

prêches ou non l'islamisme, ils persisteront dans leur aveuglement.

Dieu a imprimé son sceau sur leurs cœurs; leurs oreilles et leurs yeux sont couverts d'un voile, et ils sont destinés à la rigueur des supplices.

2. Nous avons donné le Pentateuque à Moïse; nous l'avons fait suivre par les envoyés du Seigneur. Nous avons accordé à Jésus, fils de Marie, la puissance des miracles. Nous l'avons fortifié par l'esprit de sainteté. Toutes les fois que les envoyés du Très-Haut vous apporteront une doctrine que rejettent vos cœurs corrompus, leur résisterez-vous orgueilleusement ? En accuserez-vous une partie de mensonge? Massacrerez-vous les autres?

3. Si vous doutez du livre que nous avons envoyé à notre serviteur, apportez un chapitre semblable à ceux qu'il renferme, et si vous êtes sincères, osez appeler d'autres témoins que Dieu.

Si vous ne l'avez pu faire, vous ne le pourrez jamais. Craignez donc un feu qui aura pour aliment les hommes et les pierres, feu préparé aux infidèles.

3. Annonce à ceux qui croient, et qui font le bien, qu'ils habiteront des jardins où coulent des fleuves. Lorsqu'ils goûteront des fruits qui y croissent, ils diront : Voilà les fruits dont nous nous sommes nourris sur la terre; mais ils n'en auront que l'apparence. Là ils trouveront des femmes exemptes de toute souillure. Ce séjour sera leur demeure éternelle.

4. Lorsque le soleil sera couvert de ténèbres,

Que les étoiles se détacheront du firmament,

Que les montagnes auront été emportées dans les airs,

Que les femelles de chameau prêtes à mettre bas seront abandonnées,

Que les animaux seront rassemblés,

MORALE

Que les mers s'enflammeront,

Que les ames se réuniront aux corps;

Lorsqu'on demandera à la fille enterrée vivante[1]

Quel crime elle avait commis;

Lorsque le livre sera ouvert,

Que le voile des cieux tombera,

Que les brasiers de l'enfer seront allumés,

Et que le paradis s'approchera,

L'homme verra le tableau de ses actions.

Je ne jurerai point par les cinq planètes[2] qui s'éclipsent dans leurs cours,

Par la nuit quand elle répand les ombres,

---

[1] Les Arabes étaient dans l'usage d'enterrer leurs filles aussitôt qu'elles étaient nées, lorsqu'ils ne pourraient les nourrir. Mahomet abolit cet usage. Voy. ci-après, *Lois civiles*, article *du Meurtre*. — Voy. aussi le tom. I, pag. 208.

[2] Ce sont les cinq planètes : Mercure, Vénus, Mars, Jupiter et Saturne.

Par l'aurore quand elle déploie ses feux naissants,

Que le Korân est la parole du prophète honorable,

Du prophète puissant auprès du souverain du trône, et inébranlable dans la foi,

Du prophète obéi et fidèle.

Votre compatriote n'est point inspiré par Satan.

Il vit Gabriel au haut de l'horizon resplendissant de lumière.

Il ne cache point les révélations du ciel.

Ce livre n'est point l'ouvrage de Satan foudroyé.

A quelles pensées vous abandonnez-vous!

Le Korân offre l'instruction aux hommes;

A ceux qui veulent marcher dans le chemin de la justice :

Mais vous n'aurez point cette volonté si Dieu ne vous l'inspire.

Préceptes.

1. Faites la prière ; donnez l'aumône ; le bien que vous ferez, vous le trouverez auprès de Dieu, parcequ'il voit vos actions.

2. Craignez le jour où une ame ne satisfera point pour une autre ; où il n'y aura ni compensation, ni intercession, ni secours à attendre.

3. O croyants! implorez le secours du ciel par la prière et la persévérance. Dieu est avec les patients.

4. La nature mit dans le cœur de l'homme l'impatience.

Dans l'adversité il devient timide ;

Dans la prospérité il est dur et avare.

Mais ceux qui persévèrent dans la prière,

Qui donnent la portion prescrite de leurs biens,

A l'indigent qui sollicite et à celui que la honte retient ;

Ceux qui confessent la vérité du jour du jugement,

Qui évitent avec soin de mériter le courroux du ciel,

Dont personne ne peut se croire à l'abri ;

Ceux qui gardent la continence ;

Qui n'ont de commerce qu'avec leurs femmes et leurs esclaves (car la loi leur accorde ce droit, et celui qui porte ses desirs au delà est coupable) ;

Ceux qui sont fidèles à leurs serments et à leurs traités,

Qui, dans leurs témoignages, ne s'écartent jamais de la vérité ;

Ceux qui accomplissent avec zèle la prière ;

Seront tous environnés de gloire dans le jardin de délices.

5. Ne dites pas que ceux qui sont tués, sous les étendards de la loi, sont morts.

Au contraire, ils vivent; mais vous ne le comprenez pas.

6. Nous vous éprouverons par la crainte, la faim, la diminution de vos facultés, de votre esprit, de vos biens. Heureux ceux qui supporteront ces maux avec patience.

Heureux ceux qui, au sein de l'indigence, s'écrient : Nous sommes les enfants de Dieu; nous retournerons à lui!

Ceux-là recevront les bénédictions du Seigneur. Pour eux, il fera éclater sa miséricorde. Il les guidera dans le sentier du salut.

Toutes les disgrâces que vous éprouvez étaient écrites dans le livre avant qu'elles vous arrivassent; cela est facile à Dieu.

Que l'infortune ne vous abatte point. Que la prospérité ne vous enivre pas. Dieu hait le superbe et le glorieux.

7. Les incrédules sont semblables à celui qui entend les sons de la voix sans

rien comprendre. Sourds, muets et aveugles, ils n'ont point d'intelligence.

Ne faites point de violence aux hommes à cause de leur foi. La voie du salut est assez distincte du chemin de l'erreur. Celui qui abjurera le culte des idoles, pour embrasser la religion sainte, aura saisi une colonne inébranlable. Le Seigneur sait et entend tout.

8. Il est des hommes qui, en discourant des choses mondaines, ravissent votre admiration. Ils prennent Dieu à témoin de la sincérité de leurs cœurs; mais ils sont ardents à disputer.

A peine vous ont-ils quittés qu'ils se livrent à l'injustice. La ruine accompagne leurs pas. Dieu hait les hommes corrompus.

Qu'on leur parle de la crainte du Seigneur, ils s'abandonnent à l'orgueil et à l'impiété; mais l'enfer suffira à leurs crimes. Ils y seront couchés sur un lit de douleur.

Enivrés des plaisirs terrestres, les hommes oublient la vie future. Ignorent-ils que le ciel, la terre, et tout ce qui existe dans l'espace, sont l'ouvrage véritable de Dieu, et qu'il a fixé le terme de leur durée? Cependant la plupart nient la résurrection. N'ont-ils pas parcouru la terre? N'ont-ils pas vu quel a été le sort des anciens peuples? Plus puissants qu'eux, ils y ont laissé des monuments de leur grandeur. Ils l'ont habitée plus longtemps. Des prophètes leur prêchèrent la vérité. Dieu ne les traita point injustement. Ils se perdirent eux-mêmes. Livrés à l'impiété, ils niaient la religion divine; ils insultaient à sa sainteté par leurs railleries; et ils ont péri.

Songez que la vie du monde n'est qu'un jeu frivole. Son éclat, votre émulation pour la gloire, le desir de vous surpasser mutuellement en richesses et en enfants, ressemblent à la pluie : la plante qu'elle fait éclore réjouissait l'œil du cultivateur. Un vent brûlant l'a desséchée ; elle jaunit et devient une paille aride. Les peines de la vie future seront terribles.

La vie du monde est parsemée de fleurs pour les infidèles. Ils se moquent des croyants. Ceux qui ont la crainte du Seigneur seront élevés au-dessus d'eux, au jour de la résurrection. Dieu répand à son gré ses dons innombrables.

L'amour du plaisir éblouit les mortels. Les femmes, les enfants, les richesses, les chevaux superbes, les troupeaux, les campagnes, sont les objets de leurs ardents desirs. Telles sont les jouissances de la vie mondaine ; mais l'asile que Dieu prépare est bien plus délicieux.

L'homme ne meurt que par la volonté de Dieu. Le terme de ses jours est écrit. Celui qui demandera sa récompense dans ce monde la recevra. Celui qui desirera les biens de la vie éternelle les obtiendra. Nous récompenserons ceux qui sont reconnaissants.

Ceux qui n'attendent point la résurrection, épris des charmes de la vie, s'y endorment avec sécurité.

9. Celui qui, après s'être égaré dans les sentiers du vice, implorera la miséricorde du Seigneur, éprouvera les effets de sa clémence.

Celui qui commet l'iniquité perd son ame. Dieu est savant et sage.

Celui qui rejette la faute ou l'injustice dont il est coupable sur un innocent, est calomniateur, et se charge d'un crime infâme.

10. O croyants! que l'équité règle vos témoignages; dussiez-vous prononcer contre vous-mêmes, contre un père, un parent, un riche ou un pauvre. Que la passion ne vous écarte jamais de la vérité; qu'elle ne vous fasse pas refuser votre témoignage. Dieu voit vos actions.

11. Ceux qui, après avoir fait pénitence et s'être corrigés, s'attacheront fermement au Seigneur, et lui montreront une foi sincère, seront au nombre des fidèles que Dieu récompensera magnifiquement.

Pourquoi Dieu vous punirait-il, si vous avez de la reconnaissance et de la foi? Il est lui-même reconnaissant, et sait tout.

12. Dieu n'aime point qu'on publie le mal, à moins qu'on ne soit la victime de l'oppression. Il sait et entend tout.

13. Manifestez ou cachez le bien que vous faites. Pardonnez le tort que vous avez souffert. Dieu est indulgent et puissant.

14. Fuyez ceux qui déchirent la religion, jusqu'à ce qu'ils changent de discours. Si le tentateur vous faisait oublier ce précepte, songez, après vous l'être rappelé, que vous ne devez pas vous asseoir avec les infidèles.

Que ceux qui craignent le Seigneur n'aient pour eux que du mépris; qu'ils ne se rappellent leur souvenir que pour les éviter.

Éloigne-toi de ceux qui, aveuglés par les charmes de la vie, se jouent de la religion. Apprends que le coupable qui aura mérité la réprobation ne trouvera aucun protecteur contre Dieu. Quelque prix qu'il offre pour se racheter, il sera refusé. Victime de ses forfaits, il aura pour se désaltérer l'eau bouillante. Il expiera au milieu des tourments son infidélité.

Laisse ceux qui nient la vie future ouvrir leurs cœurs à la séduction qu'ils aiment. Laisse-les gagner ainsi le prix dont ils sont dignes.

N'embrasse point le parti de ceux qui, divisés dans leur croyance, ont formé différentes sectes. C'est à Dieu à juger de leurs débats et à leur montrer leurs actions.

15. Dis : Dieu m'a commandé la justice. Tournez votre front vers le lieu où on l'adore. Invoquez son nom. Montrez-lui une religion pure. Tels il vous a créés, tels vous retournerez à lui. Il éclaire une partie des hommes et laisse les autres dans l'erreur, parcequ'ils ont choisi les démons pour patrons. Ils croient posséder la lumière.

16. Le terme de la vie est fixé. Nul ne saurait le prévenir, ni le différer d'un instant.

Chaque nation a son terme. Quand leur terme est arrivé, les hommes ne sauraient ni le reculer ni l'avancer.

Combien, depuis Noé, avons-nous exterminé de nations ? Il suffit que ton Seigneur voie et connaisse les péchés de ses serviteurs.

17. L'impie qui, dans son orgueil, accusera notre doctrine de fausseté, trouvera les portes du ciel fermées. Il n'y entrera que quand un chameau pas-

sera par le trou d'une aiguille. C'est ainsi que nous récompenserons les scélérats.

L'enfer sera leur lit, le feu leur couverture ; juste prix de leurs attentats.

18. Les croyants que la parole de Dieu pénètre de crainte, qui sentent augmenter leur foi au récit de ses merveilles, qui mettent en lui leur unique confiance,

Qui font la prière, et versent dans le sein de l'indigent une portion des biens que nous leur avons dispensés,

Sont les vrais fidèles. Ils occuperont des degrés sublimes dans le royaume céleste. Ils jouiront de l'indulgence et des bienfaits de Dieu.

19. S'il naît un différend entre les fidèles, pacifiez-le. Si l'un des partis s'élève injustement contre l'autre, combattez-le jusqu'à ce qu'il revienne aux préceptes du Seigneur : s'il reconnaît

son injustice, ramenez la paix parmi vos frères, parceque Dieu aime la justice.

Mortels, nous vous avons formés d'un homme et d'une femme, nous vous avons partagés en peuples, en tribus, afin que l'humanité règne au milieu de vous. Le plus estimable aux yeux de l'Éternel est celui qui le craint. Dieu possède l'immensité de la science.

Les fidèles sont frères. Conservez entre eux la concorde. Craignez Dieu, et méritez son indulgence.

O croyants! ne vous moquez point de vos frères. Souvent celui qui est l'objet de vos railleries est plus estimable que vous. Et vous, femmes, évitez ce défaut. Celle qu'attaquent vos médisances peut valoir mieux que vous. Ne vous diffamez point mutuellement. Ne vous donnez point de noms vils. Un terme de mépris ne convient point à celui qui a la foi. Ceux qui ne se corrigent pas de ces vices sont prévaricateurs.

O croyants! soyez circonspects dans vos jugements. Souvent ils sont injustes. Mettez des bornes à votre curiosité. Ne déchirez point la réputation des absents. Qui de vous voudrait manger la chair de son frère mort! Vous avez horreur de cette proposition. Craignez donc le Seigneur.

Si un calomniateur vous apporte une nouvelle, soumettez-la à un examen rigoureux. Tremblez de nuire à votre prochain, et de vous préparer d'amers repentirs.

Malheur au médisant et au calomniateur!

Il entasse des trésors et les garde pour l'avenir.

Il croit que ses richesses lui procureront l'immortalité.

Certainement il sera précipité dans l'enfer.

Ne savez-vous pas à quoi Dieu compare la bonne parole? C'est un arbre dont les racines sont fermement enracinées dans la terre, et dont les rameaux s'élèvent dans les cieux.

Elle porte des fruits dans chaque saison. Le Seigneur parle aux hommes en paraboles, afin qu'ils réfléchissent.

La parole mauvaise est comme un arbre mauvais : elle est à fleur de terre et n'a point de stabilité.

O croyants ! lorsque vous conversez ensemble, que l'iniquité, la guerre, la rébellion aux ordres du Prophète ne soient point le sujet de vos discours ; que plutôt la justice, la piété, la crainte de Dieu en soient l'âme. Vous serez tous rassemblés devant son tribunal.

20. Nous avons prescrit à l'homme la bienfaisance envers les auteurs de ses jours. Une mère le porte avec peine, et l'enfante avec douleur. Sa grossesse, et le temps qu'elle l'allaite, durent trente mois. Il est élevé dans la maison paternelle jusqu'à ce qu'il ait atteint la

force de l'âge. Parvenu à sa quarantième année, il adresse au ciel cette prière : Seigneur, inspire-moi de la reconnaissance pour tes bienfaits et pour ceux dont tu as comblé mes pères; fais que j'opère le bien que tu aimes; rends-moi heureux dans mes enfants, j'ai tourné mon cœur vers toi, et je suis un de tes fidèles adorateurs.

Ainsi parlent ceux dont nous recevons les œuvres, et dont nous effaçons les péchés. Ils habiteront les jardins d'*Éden*, et verront l'accomplissement de nos promesses.

Les parents invoqueront la malédiction du ciel sur un fils rebelle qui foule aux pieds leur autorité, et qui, rejetant les promesses de la vie future, leur dit : Pouvez-vous me promettre que je ressusciterai, tandis que tant de peuples ont disparu pour toujours? Ce sont des fables qu'enfanta l'antiquité.

L'arrêt qui proscrit les démons et les

générations passées, est lancé contre ces enfants pervers. La réprobation sera leur partage.

Dieu vous a tirés du sein de vos mères dépourvus de connaissances : il vous a donné l'ouïe, la vue et un cœur pour lui rendre graces.

Dieu a décidé de n'adorer que lui, de tenir une belle conduite envers vos père et mère, soit que l'un d'eux ait atteint la vieillesse ou qu'ils y soient parvenus tous deux et qu'ils restent avec vous. Garde-toi de leur marquer du mépris, de leur faire des reproches. Parle-leur avec respect.

Dieu commande la justice et la bienfaisance, la libéralité envers ses parents ; il défend la prostitution et l'iniquité, et l'injustice ; il vous avertit, afin que vous réfléchissiez.

21. Ils t'interrogeront sur l'ame ; dis-leur : Dieu s'en est réservé la connaissance : il nous a laissé peu de lumières.

22. Ne porte point des regards avides sur les biens d'autrui : les fleurs qui parent le sentier de la vie sont une épreuve : les biens que Dieu promet sont plus précieux et plus durables.

23. Exhorte les croyants à pardonner aux incrédules. Dieu rendra à chacun suivant ses œuvres.

24. L'homme fait des vœux pour obtenir le mal comme il en fait pour obtenir le bien. L'homme est prompt de sa nature.

Faites le bien ou le mal, c'est pour vous que vous travaillez. Tous les hommes retourneront à Dieu.

25. Les animaux sont un bienfait du ciel. Ils vous servent de monture et d'aliment.

Vous en retirez divers avantages. Ils vous portent rapidement aux lieux où vous voulez parvenir. Ils sont pour vous sur la terre ce qu'est le vaisseau sur les mers.

C'est ainsi que Dieu vous donne des marques de sa bonté.

Les chameaux doivent entrer dans l'hommage que vous rendez au Très Haut. Vous en retirez des avantages multipliés. Invoquez le nom du Seigneur sur ceux que vous immolez. Qu'ils soient posés sur trois jambes, et liés par le pied gauche de devant. Lorsqu'ils auront été immolés, nourrissez-vous de leur chair, et en distribuez à tous ceux qui en demanderont. Dieu les a soumis à votre usage. Vous devez lui rendre grace de ce bienfait.

Il ne reçoit ni la chair, ni le sang des victimes; mais il agrée la piété de ceux qui les immolent. Nous faisons servir les animaux à votre usage, afin que vous glorifiiez le Seigneur qui vous a éclairé

20. N'avez-vous pas voyagé sur la terre? N'avez-vous pas considéré quel fut le sort des peuples qui l'habitèrent avant vous? Plus nombreux, plus puis-

sants que vous ne l'êtes, ils ont laissé des monuments de leur grandeur. A quoi leur a servi leur puissance ?

Lorsque les envoyés du Très-Haut les invitèrent à embrasser la foi, ils se moquèrent de leur doctrine. Leurs railleries sont retombées sur eux-mêmes.

A la vue de nos fléaux, ils s'écrièrent : Nous croyons en un seul Dieu, et nous abandonnons le culte de nos idoles.

Mais leur foi a été vaine. Ils n'ont cru que lorsqu'ils ont senti le fouet vengeur. L'arrêt prononcé contre les coupables a eu son exécution, et ils ont péri dans leur infidélité.

27. O mon fils ! fais la prière. Commande la justice. Empêche l'iniquité. Souffre patiemment les maux qui t'arrivent. Ils sont une suite des décrets éternels.

Ne détourne point orgueilleusement les regards des hommes. Ne marche point avec faste sur la terre. Dieu hait le superbe et le glorieux.

Sois modeste dans ta conduite. Abaisse le son de ta voix ; la plus désagréable de toutes est celle de l'âne.

N'entrez pas dans une maison étrangère sans demander permission et sans saluer ceux qui l'habitent ; l'honnêteté l'exige, et vous ne devez pas l'oublier.

Saluez-vous mutuellement ; souhaitez-vous les bénédictions du ciel lorsque vous entrez dans une maison.

28. Acquittez-vous des devoirs sacrés envers vos proches. Soyez bienfaisants envers les pauvres et les voyageurs. O vous qui desirez les récompenses du Seigneur, ces actions ont un mérite à ses yeux.

29. Ne disputez avec les Juifs et les Chrétiens qu'en termes honnêtes et modérés. Confondez ceux d'entre eux qui sont impies. Dites : Nous croyons au

MORALE. 27

livre qui nous a été envoyé, et à vos écritures; notre Dieu et le vôtre ne font qu'un; nous sommes Musulmans[1].

30. Mortels, que le commerce et le soin de vos affaires ne vous fassent point oublier le souvenir de Dieu. Faites la prière et l'aumône. Craignez le jour où les cœurs et les yeux seront dans la consternation.

Il vous donnera le prix fortuné de vos mérites. Il vous comblera de ses bienfaits. Il les dispense à son gré, et sans compte.

31. Ne dis jamais : Je ferai cela demain, sans ajouter : si c'est la volonté

---

[1] *Musulmans* vient du mot arabe *meslemoun*, consacrés à Dieu; c'est la vraie signification de ce mot. Dans la suite elle s'est étendue, et maintenant on appelle musulmans tous les peuples qui suivent la religion de Mahomet.

Il en est de même du mot *islamisme*. Il vient d'*elam* et signifie simplement consécration à Dieu. Dans la suite on a entendu par islamisme la religion mahométane.

de Dieu. Élève vers lui ta pensée lorsque tu as oublié quelque chose, et dis : Peut-être qu'il m'éclairera et qu'il me fera connaître la vérité.

32. Le bien et le mal n'auront point une égale récompense. Exerce la bienfaisance envers ton ennemi, et il deviendra un ami tendre. Il n'y a que l'homme qui sait souffrir, capable de cette générosité, ou celui dont l'excès du bonheur a élevé l'ame.

33. Les biens terrestres sont passagers. Les trésors du ciel sont plus précieux, plus durables. Dieu les destine aux croyants qui ont mis en lui leur confiance ; à ceux qui évitent l'iniquité et le crime, et qui font taire leur colère pour pardonner ; à ceux qui, soumis à Dieu, font la prière, règlent leurs actions par la prudence, et versent dans le sein de l'indigent une portion de leurs richesses ; à ceux qui repoussent l'injustice qui les attaque.

La vengeance doit être proportionnée à l'injure; mais l'homme généreux qui pardonne a sa récompense assurée auprès de Dieu qui hait la violence.

La loi ne condamne point celui qui se venge d'une offense; mais elle ordonne des peines graves contre celui qui, étouffant dans son cœur le cri de la nature, devient injuste et oppresseur. Il sera la victime des tourments. L'homme miséricordieux qui pardonne suit les lois établies par l'Éternel.

34. Le bonheur est assuré aux croyants,

À ceux qui font la prière avec humilité,

Qui évitent toute parole déshonnête,

Qui observent le précepte de l'aumône,

Qui gardent les lois de la chasteté,

Et qui bornent leurs jouissances à leurs femmes et à leurs esclaves.

Celui qui porte ses desirs au delà est prévaricateur.

Ceux qui gardent fidèlement leurs serments et leurs traités,

Qui font la prière avec zèle,

Seront les héritiers du paradis.

Ils y demeureront éternellement.

Des justes.

1. Les justes habiteront les jardins de la volupté. A l'abri des peines de l'enfer, ils jouiront des faveurs du ciel. Rassasiez-vous, leur dira-t-on, des biens qu'on vous offre ; ils sont le prix de vos vertus. Reposez sur ces lits rangés en ordre. Ces vierges au sein d'albâtre, aux beaux yeux noirs, vont devenir vos épouses.

2. Ils retrouveront, dans ce séjour, ceux de leurs enfants qui auront été fidèles ; ils ne perdront rien du mérite de leurs vertus. Chacun répondra de ses œuvres. Ils auront à souhait les fruits et les mets qu'ils desireront. On leur pré-

sentera des coupes d'un vin délicieux, dont la vapeur ne leur fera tenir aucun propos indécent, et ne les excitera point au mal. De jeunes serviteurs s'empresseront autour d'eux. Ils seront blancs comme la perle dans son écaille.

3. Ceux qui craignent le jugement posséderont deux jardins.

Ils seront ornés de bosquets.

Dans chacun d'eux jailliront deux fontaines.

Dans chacun d'eux, les fruits divers croîtront en abondance.

Les hôtes de ce séjour, couchés sur des lits de soie enrichis d'or, jouiront au gré de leurs desirs de tous ces avantages.

Là, seront de jeunes vierges au regard modeste, dont jamais homme ni génie n'a profané la beauté.

Elles sont semblables à l'hyacinthe et à la perle.

La récompense de la vertu ne doit-elle pas être magnifique ?

Près de ces lieux enchantés s'ouvriront deux autres jardins.

Une verdure éternelle formera leur parure.

Deux sources jaillissantes en seront l'ornement.

Les dattes, les grenades, les fruits divers y seront rassemblés.

Les houris d'une beauté ravissante embelliront ce séjour.

Ces vierges aux beaux yeux noirs seront renfermées dans des pavillons superbes.

Jamais homme ni génie n'attenta à leur pudeur.

Leurs époux reposeront sur des tapis verts et des lits magnifiques.

Béni soit le nom de l'Éternel que la gloire et la majesté environnent !

4. Les justes boiront un vin exquis mêlé avec l'eau de *Cafour*[1].

C'est la fontaine où se désaltèreront les serviteurs de Dieu. Ils en feront couler les eaux à leur gré[2].

Ils ont accompli leurs vœux ; ils ont craint le jour qui répandra au loin le malheur.

Ils ont distribué au pauvre, à l'orphelin, au captif, une nourriture agréable.

Nous vous nourrissons pour l'amour de Dieu, leur disaient-ils ; nous ne vous demandons ni récompense ni actions de graces.

Nous pensons en tremblant au jour des calamités, au jour où la tristesse élèvera un nuage sur les visages.

[1] *Cafour* est une des fontaines du Paradis. Les bienheureux mêleront son eau avec du vin. *Gelaleddin.*

[2] Ils feront couler les eaux de cette fontaine autour de leurs palais, partout où ils voudront. *Gelaleddin.*

Leur piété a eu sa récompense. Dieu les a délivrés des peines éternelles. Leur tête est ceinte d'un éclat radieux. La beauté et la joie brillent sur leur front.

Les jardins de délices et les vêtements de soie sont le prix de leur persévérance.

Ils reposent sur le lit nuptial. L'éclat du soleil et de la lune ne les importune point.

Les arbres d'alentour les couvrent de leur ombrage. Les rameaux chargés de fruits s'abaissent devant eux.

On leur présente des vases d'argent et des coupes égales en beauté au cristal ;

Ils s'y désaltèrent à leur gré.

Un mélange de vin exquis et d'eau pure de *Zangebil* [1] est leur boisson.

Salsabil est le lieu où coule cette source superbe.

Des enfants doués d'une éternelle jeu-

[1] Cette eau est aussi agréable que le *Zinziber*, boisson que les Arabes aiment avec passion. *Gelaleddin.*

nesse s'empressent à les servir; la blancheur de leur teint égale l'éclat des perles.

L'œil, dans ce séjour délicieux, ne voit que des objets enchanteurs; il se promène sur un royaume d'une vaste étendue.

L'or et la soie forment leurs habits. Des bracelets d'argent sont leur parure. Dieu les fait boire dans la coupe du bonheur.

Telle est la récompense qui vous est promise. Certainement votre zèle sera payé de reconnaissance.

Les méchants.

1. Chacun répondra de ses œuvres. Ceux qui occuperont la droite

Entreront dans le jardin de délices. Ils demanderont aux méchants:

Qui vous a fait tomber dans l'enfer?

Nous n'avons point fait la prière, répondront-ils;

Nous n'avons point nourri le pauvre ;

Nous avons disputé avec les amateurs des frivolités,

Et nous avons traité de chimère le jour de la résurrection.

La mort fatale nous a surpris.

L'intercession leur sera inutile.

Pourquoi se sont-ils éloignés de la religion,

Semblables à l'âne sauvage qui fuit devant une lionne ?

Ils voudraient que Dieu leur envoyât un ordre écrit de sa main.

Il n'en sera pas ainsi ; cependant la vie future ne les épouvante point.

Le Korân les avertit. Que celui qui veut s'éclairer recherche sa lumière.

2. Périsse le méchant ! Qui a pu le rendre infidèle ? De quoi Dieu l'a-t-il créé ? de boue. Il lui a donné une forme agréable ; il lui a facilité le chemin qui conduit à la vie ; il lui envoie la mort,

et le fait descendre au tombeau : il le fera ressusciter quand il voudra.

3. Le méchant voudrait se racheter des peines de l'enfer, au prix de ses enfants, au prix de son épouse, de son frère, des parents qui le chérissaient, au prix du genre humain, et ensuite les délivrer eux-mêmes.

Vains souhaits! les gouffres de l'enfer se saisiront de leur proie.

4. Malheur aux méchants! ils seront punis au jour du jugement.

Amis sur la terre, les méchants seront ennemis dans l'autre monde; mais la tendre amitié suivra les justes.

O mes adorateurs! dans ce jour il n'y aura pour vous ni chagrin ni alarmes.

Les croyants qui auront professé l'islamisme seront à l'abri de leurs atteintes.

On leur dira : Entrez dans le jardin de délices, vous et vos épouses; ouvrez vos cœurs à la joie.

On leur présentera à boire dans des

coupes d'or. Le cœur trouvera dans ce séjour tout ce qu'il peut desirer, l'œil tout ce qui peut le charmer, et ces plaisirs seront éternels.

Voici le paradis dont vos œuvres vous ont procuré la possession.

Nourrissez-vous des fruits qui y croissent en abondance.

Les scélérats seront éternellement en proie aux tourments de l'enfer.

Leur rigueur ne s'adoucira jamais. Les coupables garderont un morne silence.

Leur sort n'est point injuste. Ils ont été injustes envers eux-mêmes.

Ils diront : O *Malec* [1] ! prie Dieu de nous anéantir. Il leur répondra : Vous vivrez éternellement.

5. Ne croyez pas que Dieu néglige les actions des méchants. Il diffère leur pu-

[1] Les Arabes appellent *Malec* le gardien de l'enfer ; ce mot signifie *ange*.

nition jusqu'au jour où ils porteront leurs regards vers le ciel.

Ils se hâteront, ils lèveront la tête. Leurs regards seront immobiles, et leurs cœurs saisis d'effroi. Prédis à la terre le jour des vengeances.

Seigneur, s'écrieront les impies, attends-nous encore quelque temps.

Nous écouterons ta parole; nous obéirons à tes ministres. On leur répondra : Ne juriez-vous pas que vous ne changeriez jamais?

Vous habitiez au milieu des pervers; vous avez été témoins de la manière dont nous les avons traités; vous avez entendu nos paraboles. Ils ne cessèrent de dresser leurs embûches; mais Dieu pouvait détruire leurs artifices, quand même ils eussent été assez puissants pour transporter les montagnes.

Ne pensez pas que Dieu anéantisse la promesse faite à ses apôtres. Il est puissant et la vengeance est dans ses mains.

Le menteur.

1. Les menteurs périront. Ils sont ensevelis dans l'abîme de l'ignorance.

2. Malheur au menteur et au scélérat ! On leur dévoile les vérités célestes, et ils persistent dans leur obstination et leur orgueil, comme s'ils n'entendaient pas : annonce-leur une peine déchirante. S'ils connaissent la doctrine divine, c'est pour s'en moquer. Un supplice ignominieux sera leur récompense. L'enfer est devant eux. Leurs œuvres et leurs dieux chimériques ne leur serviront de rien. Ils seront rigoureusement punis.

3. Gardez-vous de proférer un mensonge, en disant : Cela est permis, cela est défendu. Les menteurs ne prospéreront point. Après de courtes jouissances, ils seront livrés à des peines éternelles.

Des richesses.

1. Ceux qui n'usent de leurs richesses que pour plaire à Dieu, et qui sont constants dans la pratique des vertus, ressemblent à un jardin placé sur une colline : une pluie favorable et la rosée désaltèrent la terre, et font croître ses productions en abondance. Dieu voit vos actions.

Qui de vous voudrait avoir un jardin planté de palmiers, orné de vignes, entrecoupé de ruisseaux, et enrichi de tous les fruits de la terre, et être ensuite saisi par la vieillesse, laisser des enfants au berceau et voir ce jardin ravagé par un tourbillon de flammes? C'est ainsi que Dieu vous annonce ses mystères afin que vous pensiez à lui.

2. Ne dissipez point vos richesses inutilement. Ne les offrez point aux juges, pour ravir injustement l'héritage de vos frères. Vous êtes instruits.

3. Croyez en Dieu et à son envoyé ; donnez une portion des biens qu'il vous a laissés pour héritage. Le fidèle bienfaisant recevra une récompense honorable.

4. Les richesses qui vous ont été dispensées vous procurent les plaisirs et les agréments de la vie. Les jouissances du ciel sont bien plus délicieuses. Ne le concevez-vous pas ?

5. Ceux qui emploient leurs richesses pour défendre la cause sainte sont semblables à un grain qui produit sept épis, dont chacun donne cent grains. Dieu augmente les biens de qui il lui plaît. Sa science égale son immensité.

6. Favorisé de Dieu, comblé de richesses et d'honneurs, l'homme jouit-il de la prospérité ?

Il dit : Le Seigneur m'a honoré.

Le ciel a-t-il retiré ses dons ? L'adversité l'éprouve-t-elle ?

Il dit : Le Seigneur me dédaigne.

Point du tout ; mais vous n'honorez pas l'orphelin ;

Vous ne vous empressez point à nourrir le pauvre ;

Vous dévorez avec avidité les héritages ;

Vous aimez avec passion les richesses.

Ne sont-ce pas là vos défauts? Lorsque la terre sera réduite en poussière,

Que Dieu et les anges viendront par ordre,

Que l'enfer ouvrira ses abîmes, l'homme se souviendra ;

Mais quel sera son souvenir ?

Plût au ciel, dira-t-il, que j'eusse fait le bien !

Personne ne se dévouera pour lui aux tourments ;

Personne ne se chargera de ses chaînes.

O homme qui eus de la confiance ! reviens avec joie dans le sein de ton Dieu.

7. O croyants, que vos enfants et vos richesses ne vous fassent point oublier le souvenir du Seigneur; cet oubli mettrait le sceau à votre réprobation.

Versez dans le sein de l'indigent une portion des biens que le ciel vous a départis, avant que la mort vous surprenne, de peur que vous ne soyez obligés de dire : Seigneur, si tu daignes prolonger le terme de mes jours, je ferai l'aumône et pratiquerai la vertu. Mais Dieu ne différera pas d'un instant le terme prescrit. Il est le témoin de toutes les actions.

8. Les infidèles ne retireront aucun avantage de leurs richesses et de leurs enfants, auprès de Dieu. Ils seront la victime des flammes. Semblables à la famille du Pharaon, et à ceux qui les ont précédés, ils ont taxé notre doctrine de mensonge. Dieu les a surpris dans leur impiété, et il est terrible dans ses châtiments.

De l'avarice.

1. Les avares voudraient établir l'avarice parmi les hommes. Ils cachent les richesses dont le ciel les a comblés. Ils subiront avec les infidèles un supplice ignominieux.

2. Les avares qui voudraient faire un précepte de l'avarice, et ceux qui rejettent le culte du Seigneur, ignorent-ils qu'il est riche, et comblé de louanges ?

3. Que l'avare ne regarde pas les biens qu'il reçoit de Dieu comme une faveur, puisqu'ils causeront son malheur.

Les objets de son avarice seront attachés à son cou au jour de la résurrection. Dieu a l'héritage des cieux et de la terre. Rien de ce que vous faites n'échappe à sa connaissance.

Il a entendu la voix de ceux qui ont dit : Dieu est pauvre et nous sommes riches. Nous tiendrons compte de leurs discours, et du sang des prophètes injustement versé par leurs mains, et nous leur dirons : Goûtez la peine du feu.

Ils y seront précipités à cause de leurs crimes ; car Dieu n'est point injuste envers les hommes.

4. Le soin d'amasser vous occupe jusqu'à ce que vous descendiez dans le tombeau.

Hélas ! un jour vous saurez !

Hélas ! je vous le répète, un jour vos yeux seront dessillés.

Ah ! si vous saviez

Avec certitude !

Vous verrez les gouffres de l'enfer ;

Vous les verrez à découvert.

Alors vous rendrez compte de vos plaisirs.

L'orgueil.

1. *Caron*, un des Israélites, s'était abandonné à l'orgueil. Nous lui avions départi des richesses immenses. Plusieurs hommes robustes auraient eu peine à porter les clefs qui les tenaient

enfermées. Ne te livre point aux excès
de la joie, lui dirent les Hébreux; Dieu
hait la joie insolente.

Efforce-toi d'acquérir, avec les biens
que tu possèdes, le séjour éternel. N'oublie pas la portion dont tu as été favorisé
dans ce monde. Sois bienfaisant comme
Dieu l'a été envers toi. Ne souille pas la
terre de tes crimes. Dieu hait les corrupteurs.

Mes trésors, répondit *Caron*, sont le
prix de ma science. Ignorait-il que Dieu
a exterminé des peuples puissants et
nombreux? Mais les scélérats ne seront
point interrogés sur leurs forfaits.

Caron s'avançait vers le peuple avec
pompe. Ceux pour qui la vie mondaine
a des charmes disaient : Plût à Dieu que
nous fussions aussi riches que Caron!
Il possède une fortune immense.

Malheur à vous, disaient ceux que la
science éclairait ! La récompense que
Dieu prépare au croyant vertueux est

bien préférable. Elle n'est destinée qu'à ceux qui souffriront avec patience.

Nous ouvrîmes la terre. Caron [1] et son palais furent engloutis. Le nombre de ses esclaves ne put le défendre contre le bras du Tout-Puissant, et il n'eut point de vengeur.

Ceux qui la veille enviaient son sort, s'écrièrent le matin : Dieu dispense ou retire ses faveurs à son gré. Si sa miséricorde ne veillait sur nous, la terre nous eût ensevelis dans ses abîmes. Les méchants ne jouiront point de la félicité.

2. Le palais de la vie future sera le prix de ceux qui fuient l'orgueil et le crime. La fin est pour les justes.

Celui qui aura pratiqué la vertu recevra une récompense magnifique, et les scélérats subiront des peines proportionnées à leurs crimes.

3. Les vrais croyants ne se livrent point à l'orgueil. Au récit des merveilles du

[1] Caron, ou Karoun, est Coré de la Bible.

Seigneur, ils se prosternent, l'adorent et publient ses louanges. Ils se lèvent de leur couche pour invoquer son nom, au milieu de la crainte et de l'espérance. Ils versent dans le sein de l'indigent une partie des biens que nous leur avons dispensés.

DEUXIÈME PARTIE.
RELIGION.

Dieu.

1. Dieu est un. Il est éternel. Il n'a point enfanté, et n'a point été enfanté. Il n'a point d'égal.

2. Votre Dieu est le Dieu unique. Il n'y en a point d'autre.

3. Il a formé la terre et les cieux. Veut-il produire quelque ouvrage, il dit : Sois fait, et il est fait.

4. L'Orient et l'Occident lui appartiennent. Il remplit l'univers de son immensité ; l'univers lui obéit.

5. Rien n'échappe à sa connaissance. Vers quelque lieu que se tournent vos regards, vous rencontrerez sa face.

6. Tous les secrets sont dévoilés à ses yeux. Il est le Grand, le Très Haut. Celui

qui parle dans le secret, celui qui s'enveloppe des ténèbres de la nuit, et celui qui paraît au grand jour, lui sont également connus.

7. Il est indulgent et miséricordieux.

8. Il est terrible dans ses châtiments.

9. Il rendra à chacun selon ses œuvres.

10. Dieu éleva les cieux sans colonnes visibles, et s'assit sur son trône. Il ordonna au soleil et à la lune de remplir leur tâche. Tous les corps célestes se meuvent dans la route qu'il leur a tracée. Il gouverne l'univers. Il vous offre des merveilles sans nombre, afin que vous croyiez à la résurrection.

C'est lui qui étendit la terre, qui éleva les montagnes, qui forma les fleuves, qui vous donna les fruits divers. Il créa l'homme et la femme; il fait succéder le jour à la nuit. Ces prodiges sont des signes pour ceux qui pensent.

11. La terre offre à chaque pas un

tableau diversifié : ici sont des jardins ornés de vignes et de légumes ; là croissent des palmiers isolés ou réunis sur une souche. Tous les fruits sont arrosés par la même eau, et c'est nous qui les rendons supérieurs les uns aux autres, quant au goût. Certes il y a dans cela des signes pour les hommes intelligents.

12. La formation des cieux et de la terre, la diversité de vos langues et de vos couleurs, sont pour l'univers un monument de sa puissance.

Il a soumis la mer à votre usage : les poissons qu'elle renferme dans son sein deviennent votre nourriture : vous y pêchez des ornements qui ornent vos habits. Vois le vaisseau fendre les flots, et le navigateur chercher l'abondance, et rends grâce au Très Haut.

13. Quel jugement portez-vous de l'agriculture? Est-ce vous qui faites germer la semence, ou notre providence qui la fait éclore? Nous pourrions la

rendre stérile, et vous diriez dans votre consternation : Nous sommes chargés de dettes, et la moisson a trompé notre attente.

14. Que pensez-vous de l'eau qui sert à vous désaltérer? Nous pouvions la rendre salée et amère : vos cœurs seront-ils fermés à la reconnaissance?

Que pensez-vous du feu que vous faites jaillir du bois? Est-ce vous qui avez produit l'arbre qui lui sert d'aliment, ou notre volonté créatrice?

15. Dieu fait descendre la pluie des cieux, et les torrents roulent dans leurs lits, entraînant dans leur cours l'écume qui surnage. Telle est dans la fournaise l'écume des métaux que les hommes travaillent pour leur utilité et leur parure. Dieu tire ainsi l'instruction de la vérité et de la vanité. L'écume disparaît bientôt. Ce qui est utile reste dans la terre. Ainsi Dieu propose ses paraboles.

16. Dieu vous a donné l'ouïe, la vue,

et un cœur pour sentir. Combien peu reconnaissent ses bienfaits ! Il vous a mis sur la terre. Il vous rassemblera devant son tribunal. C'est lui qui fait vivre et mourir ; c'est lui qui a établi la vicissitude de la nuit et du jour; ne le comprenez-vous pas?

Loin d'ouvrir les yeux, ils répètent ce qu'ont dit leurs pères : Quand nous serons morts, et qu'il ne restera de notre être qu'un amas d'os et de poussière, serons-nous ranimés de nouveau? On berça nos pères de cette espérance. On nous en flatte de même ; mais ce n'est qu'un vain songe de l'antiquité.

17. Demande-leur : Qui est le souverain des sept cieux, et du trône sublime? C'est Dieu, répondent-ils. Ne le craindront-ils donc point?

Demande-leur : Qui tient les rênes de l'univers? Quel est celui qui protége et qui n'est point protégé? Le savez-vous? Dieu, répondent-ils. Dis-leur : Vos yeux seront-ils donc toujours fermés à la lumière?

18. C'est lui qui vous a établis sur la terre, pour remplacer vos devanciers; il assigna aux uns des degrés plus élevés qu'aux autres, afin de vous éprouver par cela même qu'il vous donne.

19. L'homme est ingrat envers le Seigneur, lui-même est témoin de son ingratitude : la soif de l'or le dévore. Quand on viendra réveiller les morts dans leurs tombeaux et qu'on dévoilera ce qui est caché dans les cœurs, ignore-t-il que Dieu connaîtra parfaitement toutes les actions?

Quand le malheur vous visite, c'est vers lui que vous élevez une voix suppliante.

Lorsque vous êtes embarqués sur un vaisseau qui vogue au gré d'un vent favorable, vous vous livrez à la joie : le vent renforce, la tempête gronde, les flots sont soulevés de toutes parts; vous

vous croyez engloutis; vous appelez Dieu à votre aide, et vous lui montrez une foi vive : Seigneur, si tu nous délivres du péril, nous te rendrons des actions de grace. A peine êtes-vous sauvés, qu'écoutant la voix de vos passions, vous oubliez toute justice. O mortels! vous acquérez au prix de vos ames les jouissances terrestres.

20. Dieu est le souverain du ciel et de la terre : un culte perpétuel lui est dû. Tous les biens dont vous jouissez viennent de lui!

21. Ceux qui, debout, assis, couchés, pensent à Dieu et méditent sur la création de l'univers, s'écrient : Dieu n'a point formé en vain ces ouvrages!

22. Tout ce qui est dans les cieux et sur la terre rend à l'Éternel un hommage forcé ou volontaire : l'ombre du soir et du matin l'adore.

23. Le souvenir de Dieu est la paix des cœurs.

Unité de Dieu.

1. Adorez l'unité de Dieu. Ne lui donnez point d'égal. L'idolâtre sera semblable à celui qui, précipité du ciel, devient la proie des oiseaux, ou est jeté dans un lieu désert.

2. Si dans l'univers il y avait plusieurs dieux, sa ruine serait prochaine. Louange au Dieu qui est assis sur le trône des mondes, malgré leurs blasphèmes. On ne lui demandera point compte de ses actions, et il leur demandera compte de leurs œuvres.

3. Ceux qui soutiennent la trinité de Dieu sont blasphémateurs Il n'y a qu'un seul Dieu. S'ils ne changent de croyance, un supplice douloureux sera le prix de leur impiété.

4. La prédication de l'unité de Dieu a fait naître des débats envenimés par l'envie. Si l'arrêt qui diffère le châti-

ment des incrédules n'eût été prononcé, le ciel aurait terminé leurs querelles. Les Juifs et les Chrétiens doutent de la vérité. Invite-les à embrasser l'Islamisme. Observe la justice qui t'a été commandée. Ne condescends point à leurs desirs, et dis : Je crois aux livres sacrés. Le ciel m'a ordonné de vous juger équitablement. Nous adorons le même Dieu. Nous avons nos œuvres et vous les vôtres. Que la paix règne parmi nous. L'Éternel prononcera sur notre sort. Il est le terme de toutes choses.

5. Les infidèles ont dit : Dieu a eu un fils du commerce avec les anges. Loin de lui ce blasphème ! Les anges sont ses serviteurs honorés. Ils ne parlent qu'après lui, et ils exécutent ses volontés. Il sait ce qui existait avant eux et ce qui sera après. Ils ne peuvent intercéder sans sa permission. Ils sont saisis de frayeur en sa présence. Si quelqu'un d'eux osait dire : Je suis Dieu, il serait

précipité dans l'enfer. C'est ainsi que nous récompensons l'impie.

6. Ils ont égalé les génies à Dieu, et ils sont ses créatures. Ils lui ont attribué, dans leur ignorance, des enfants. Louange à Dieu! Loin de lui ces blasphèmes! Il est le créateur des cieux et de la terre. Il n'a point de compagne ; comment aurait-il des enfants? L'univers est l'ouvrage de ses mains; sa science en embrasse l'étendue. Il est votre Seigneur. Il n'y a point d'autre Dieu que lui. Tous les êtres lui doivent l'existence. Rendez hommage à sa puissance. Il conserve ses ouvrages. Il voit l'œil et l'œil ne saurait l'apercevoir. Tout est plein de sa bonté et de sa science. Il vous a manifesté sa religion. Celui qui a ouvert les yeux aura pour partage la lumière. Celui qui les a fermés restera dans les ténèbres. Dieu ne m'a point confié le soin de vous garder. C'est ainsi que nous expliquons sa doctrine, afin

qu'on rende témoignage de notre zèle, et que la religion soit dévoilée aux yeux des sages.

Suis les inspirations du Seigneur. Il est le Dieu unique. Éloigne-toi des idolâtres.

7. Les Juifs disent qu'*Ozaï* est fils de Dieu ; les Chrétiens disent la même chose du Messie. Ils parlent comme les infidèles qui les ont précédés. Le ciel punira leurs blasphèmes.

Ils appellent seigneurs leurs pontifes, leurs moines, et le Messie, fils de Marie : et il leur est commandé de servir un seul Dieu. Il n'y en a point d'autre. Anathème sur ceux qu'ils associent à son culte !

Ils voudraient éteindre de leur souffle la lumière de Dieu ; mais il la fera briller malgré l'horreur qu'elle inspire aux infidèles.

Il a envoyé son apôtre pour prêcher la foi véritable, et pour établir son triomphe sur la ruine des autres religions, malgré les efforts des idolâtres.

8. Les peuples se sont divisés en différentes sectes, et chacune est contente de sa croyance. Laisse-les dans leurs erreurs jusqu'au temps. Pensent-ils que les richesses et les enfants que nous leur avons donnés soient un bienfait garant de leur bonheur? Ils se trompent, et ils ne le sentent pas.

9. Dis-leur : Si Dieu avait un fils, je serais le premier à l'adorer.

Louange à Dieu souverain du ciel et de la terre! Il est assis sur le trône sublime. Loin de lui ce blasphème.

Laissez-les perdre leur temps dans de vaines disputes. Le jour qui leur est promis les y surprendra.

De Jésus et de Marie.

1. Dieu a choisi entre tous les hommes Adam et Noé, la famille d'Abraham et celle d'Amran. Ces familles sont sorties

les unes des autres. Dieu sait et entend.

L'épouse d'Amran adressa au ciel cette prière : Seigneur, je t'ai voué le fruit de mon sein ; reçois-le avec bonté, ô toi qui sais et entends tout ! Lorsqu'elle eut enfanté, elle ajouta : Seigneur, j'ai mis au monde une fille (Dieu savait ce qu'elle avait mis au jour. Des caractères marqués distinguent les deux sexes). Je l'ai nommée Marie ; je la mets sous ta protection, elle et sa postérité, afin que tu les préserves des ruses de Satan.

Le Seigneur reçut son offrande favorablement. Il fit produire à Marie un fruit précieux. Zacarie la prit sous sa garde. Toutes les fois qu'il l'allait visiter dans son appartement retiré, il voyait de la nourriture auprès d'elle. D'où vous vient, lui demanda-t-il, cette nourriture ? C'est un bienfait du ciel, répondit Marie. Il nourrit abondamment ceux qu'il veut.

Zacarie se mit en prière et s'écria :

Seigneur, ouvre-moi les trésors de ta libéralité ; donne-moi un enfant béni, ô toi qui exauces nos vœux ! L'Ange l'appela tandis qu'il priait dans le sanctuaire.

Le Très Haut, lui dit l'Ange, t'annonce la naissance de Jean ; il confirmera la vérité du verbe de Dieu ; il sera grand, chaste, et élevé entre les prophètes.

D'où me viendra cet enfant? répondit Zacarie. La vieillesse m'a atteint, et ma femme est stérile. L'Ange lui répliqua : Le Seigneur fait ce qu'il lui plaît.

Fais éclater un signe, reprit Zacarie, qui soit le gage de la promesse. Tu seras muet pendant trois jours, lui dit l'Ange Tel sera ton signe. Souviens-toi du Seigneur, et célèbre ses louanges le soir et le matin.

L'Ange dit à Marie : Dieu t'a choisie ; il t'a purifiée ; tu es élue entre toutes les femmes.

Sois dévouée au Seigneur ; adore-le ;

courbe-toi devant lui avec ses serviteurs.

Nous te révélons ces mystères. Tu n'étais point avec eux lorsqu'ils jetaient le bâton sacré. Qui d'eux eût pris soin de Marie ? Tu ne fus point témoin de leurs disputes.

L'Ange dit à Marie : Dieu t'annonce son verbe. Il se nommera Jésus, le Messie, fils de Marie, grand dans ce monde et dans l'autre, et le confident du Très Haut.

Il fera entendre sa parole aux hommes depuis le berceau jusqu'à la vieillesse, et sera au nombre des justes.

Seigneur, répondit Marie, comment aurais-je un fils ? Aucun homme ne s'est approché de moi. Il en sera ainsi, reprit l'Ange. Dieu forme des créatures à son gré. Veut-il qu'une chose existe, il dit : Sois faite, et elle est faite.

Il lui enseignera l'écriture et la sagesse, le Pentateuque et l'Evangile. Jésus sera son envoyé auprès des enfants d'Israël. Il leur dira : Les prodiges divins vous attesteront ma mission : je formerai de boue la figure d'un oiseau ; je soufflerai dessus ; elle s'animera à l'instant, par la volonté de Dieu : je guérirai les aveugles de naissance et les lépreux, je ferai revivre les morts, par la permission de Dieu : je vous dirai ce que vous aurez mangé, et ce que vous aurez caché dans vos maisons. Tous ces faits seront des signes pour vous si vous êtes croyants.

Je viens vous confirmer le Pentateuque que vous avez reçu avant moi, et vous rendre permise cette partie de la loi qui vous avait été défendue. Dieu m'a donné la puissance des miracles. Craignez-le et obéissez-moi. Il est mon Seigneur et le vôtre. Servez-le, c'est le chemin du salut.

2. Jésus ayant connu la perfidie des Juifs s'écria : Qui m'aidera à étendre la religion divine ? Nous serons les minis-

tres du Seigneur, répondirent les apôtres ; nous croyons en lui, et vous rendrez témoignage de notre foi.

3. Les Juifs furent perfides envers Jésus. Dieu trompa leur perfidie. Il est plus puissant que les fourbes.

4. Dieu dit à Jésus : Je t'enverrai la mort, je t'élèverai à moi. Tu seras séparé des infidèles. Ceux qui t'ont suivi seront élevés au-dessus d'eux, jusqu'au jour du jugement. Vous reparaîtrez tous devant mon tribunal, et je jugerai vos différends.

Je punirai rigoureusement les infidèles dans ce monde et dans l'autre. Ils n'auront plus de secours à attendre.

Les croyants qui auront fait le bien, en recevront la récompense des mains de l'Éternel qui hait les méchants.

Nous te révélons ces vérités tirées des signes et du souvenir du sage.

5. Jésus est aux yeux du Très Haut un homme comme Adam. Adam fut créé

de poussière. Dieu lui dit : Sois, et il fut.

Ces paroles sont la vérité venue du ciel. Garde-toi d'en douter.

Dis à ceux qui la combattront, après la science que tu as reçue : Venez, appelons nos enfants et nos femmes ; mettons-nous en prière, et invoquons la malédiction de Dieu sur les menteurs.

Je vous ai fait un récit véritable. Il n'y a qu'un Dieu. Il est puissant et sage.

6. Le fils de Marie n'est que le serviteur de Dieu. Le ciel le combla de ses faveurs, et le donna pour modèle aux Hébreux.

7. Jésus sera le signe certain de l'approche du jugement. Gardez-vous de douter de sa venue. Suivez-moi, c'est le chemin du salut.

Que Satan ne vous fasse pas rejeter cette vérité. Il est votre ennemi déclaré.

8. Lorsque Jésus parut sur la terre au milieu des miracles, il dit aux hommes :

Je viens vous apporter la sagesse et vous éclairer sur vos doutes. Craignez Dieu, et suivez ma doctrine.

Il est mon Seigneur et le vôtre ; servez-le, c'est le chemin du salut.

9. La dissension s'éleva parmi les chrétiens ; les sectes se formèrent ; mais malheur aux méchants ! ils seront punis au jour du jugement.

Attendent-ils que l'heure fatale les surprenne au milieu de leur insouciance ?

Amis sur la terre, les méchants seront ennemis dans l'autre monde ; mais la tendre amitié suivra les justes.

10. Dieu dira à Jésus, fils de Marie : Souviens-toi des graces que j'ai répandues sur toi et sur celle qui t'a enfanté ; je t'ai fortifié dans l'esprit de sainteté, afin que tu instruisisses les hommes depuis ton berceau jusqu'à la vieillesse. Je t'ai enseigné l'Ecriture, la sagesse, le Pentateuque, l'Evangile ; tu formas de boue la figure d'un oiseau, et ton

souffle l'anima par ma permission ; tu guéris un aveugle de naissance et un lépreux par ma volonté ; tu fis sortir les morts de leurs tombeaux ; je détournai de toi les mains des Juifs. Au milieu des miracles que tu fis éclater à leurs yeux, obstinés dans leur incrédulité, ils s'écriaient : Tout cela n'est que prestige.

J'inspirai aux apôtres de croire en moi et en Jésus mon envoyé, et ils dirent : Nous croyons, rends témoignage de notre foi.

11. Dieu ayant demandé à Jésus, fils de Marie, s'il avait commandé aux hommes de l'adorer lui et sa mère comme des dieux ; Seigneur, répondit-il, leur aurais-je ordonné un sacrilége ? Si j'en étais coupable, ne le saurais-tu pas ? Tu connais ce qui est dans mon cœur, et j'ignore ce que voile ta majesté suprême. La connaissance des mystères n'appartient qu'au Très Haut. Je ne leur ai fait entendre ma voix que pour leur annoncer

les commandements. Je leur ai dit : Adorez Dieu, mon Seigneur et le vôtre. J'ai été témoin auprès d'eux, tant que j'ai resté sur la terre. Lorsque la mort est venue par ton ordre trancher le fil de mes jours, tu as été leur gardien. Tu es le témoin universel. Si tu les punis, ils sont tes serviteurs ; si tu leur pardonnes, tu es puissant et sage.

12. Les Chrétiens seront jugés d'après l'Évangile. Ceux qui les jugeront autrement seront prévaricateurs.

Les Juifs et les Chrétiens.

1. Beaucoup de Juifs et de Chrétiens, excités par l'envie, ont voulu vous ravir votre foi et vous rendre infidèles, lorsqu'ils ont vu briller la vérité. Fuyez-les et leur pardonnez, jusqu'à ce que vous receviez l'ordre du Très Haut, dont la puissance est infinie.

2. Faites la prière ; donnez l'aumône : le bien que vous ferez vous le trouverez

auprès de Dieu, parcequ'il voit vos actions.

3. Les Juifs et les Chrétiens se flattent qu'eux seuls auront l'entrée du Paradis. Tels sont leurs desirs. Dis-leur : Apportez des preuves si vous êtes véridiques.

Bien plus, quiconque tournera sa face vers le Seigneur, et exercera la bienfaisance, aura sa récompense auprès de lui, et sera exempt de la crainte et des tourments.

4. Les Juifs assurent que la croyance des Chrétiens n'est appuyée sur aucun fondement ; les Chrétiens leur font la même objection : cependant les uns et les autres ont lu les livres sacrés. Les gentils, qui ignorent leurs débats, tiennent à leur égard le même langage. L'Éternel, au jour dernier, jugera leurs différends.

5. Il est des Juifs à qui tu peux confier un trésor. Il te sera fidèlement rendu. Il en est d'autres des mains des-

quels tu n'arracherais qu'avec peine un denier que tu leur aurais prêté.

La loi ne nous ordonne pas, disent-ils, d'être justes avec les infidèles. Ils mentent à la face du ciel et ils le savent !

6. Les Juifs et les Chrétiens ne t'approuveront que quand tu auras embrassé leur croyance. Dis-leur que la doctrine de Dieu est la véritable. Si tu descendais à leurs desirs, après la science que tu as reçue, quel protecteur trouverais-tu auprès du Tout-Puissant ?

7. O enfants d'Israël ! souvenez-vous des bienfaits dont je vous ai comblés ; souvenez-vous que je vous ai élevés au-dessus de toutes les nations.

Craignez le jour où une ame ne satisfera point pour une autre, où il n'y aura ni compensation, ni intercession, ni secours à attendre.

8. Dieu tenta Abraham, et Abraham fut juste. Je t'établirai le chef des peuples, dit le Seigneur. Accordez encore

cet avantage à mes descendants, répondit Abraham. Mon alliance, reprit le Seigneur, ne comprendra point les méchants.

Nous avons établi la maison sainte pour être l'asile où se réuniront les peuples. La demeure d'Abraham sera un lieu de prière. Nous avons fait un pacte avec Abraham et Ismaël. Purifiez mon temple [1] des idoles qui l'environnent, de celles qui sont renfermées dans son enceinte, et de leurs adorateurs.

Abraham adressa cette prière à Dieu : Seigneur, établis, dans ce pays, une foi durable; comble de tes faveurs le peuple qui croira à ton unité, et au jour dernier. J'étendrai, répondit le Sei-

---

[1] *Purifiez mon temple.* Les descendants d'Abraham et d'Ismaël perdirent l'idée d'un Dieu unique. Ils révéraient encore le temple de la Mecque comme l'ouvrage de ces deux patriarches ; mais ils avaient placé à l'entour et dans son enceinte des idoles auxquelles ils rendaient des honneurs divins. Mahomet les renversa et rétablit le culte d'un seul Dieu.

gneur, mes dons jusque sur les infidèles; mais ils jouiront peu. Ils seront condamnés aux flammes, et leur fin sera déplorable.

Lorsqu'Abraham et Ismaël jetèrent les fondements de ce temple, les yeux élevés au ciel, ils s'écrièrent : ô Dieu ! intelligence suprême, daigne recevoir cette sainte demeure.

Fais que nous soyons de vrais Musulmans; fais que notre postérité soit attachée à ton culte; enseigne-nous nos devoirs sacrés; daigne tourner tes regards vers nous; tu es clément et miséricordieux.

Envoie un apôtre de leur nation, pour leur annoncer tes merveilles, pour leur enseigner le Korân et la sagesse, et pour les rendre purs. Tu es puissant et sage.

9. Qui rejettera la religion d'Abraham, si ce n'est l'insensé ! Nous l'avons élu dans ce monde, et il sera dans l'autre au nombre des justes.

Quand Dieu lui dit : Embrasse l'Islamisme; Abraham répondit : Je l'ai embrassé ce culte du souverain des mondes.

Abraham et Jacob recommandèrent leur croyance à leur postérité. O mes enfants! dirent-ils, Dieu vous a choisi une religion, soyez-y dévoués jusqu'à la mort.

Abraham n'était ni Juif ni Chrétien. Il était orthodoxe, Musulman, et adorateur d'un seul Dieu. Ceux qui professent la religion d'Abraham suivent de plus près ses traces. Tel est le prophète et ses disciples. Dieu est le chef des croyants.

10. Etiez-vous témoins, lorsque la mort vint visiter Jacob? Il dit à ses fils : Qui adorerez-vous après ma mort? Nous adorerons, répondirent-ils, ton Dieu, le Dieu de tes pères Abraham, Ismaël et Isaac, Dieu unique; nous serons fidèles Musulmans.

Ils ne sont plus; mais leurs œuvres ne passeront point. Vous retrouverez, comme eux, ce que vous aurez acquis, et on ne vous demandera point compte de ce qu'ils ont fait.

11. Les Juifs et les Chrétiens disent : Embrassez notre croyance, si vous voulez être dans le chemin du salut. Répondez-leur : Nous suivons la foi d'Abraham qui refusa de l'encens aux idoles, et n'adora qu'un Dieu.

Dites : Nous croyons en Dieu, au livre qui nous a été envoyé, à ce qui a été révélé à Abraham, Ismaël, Isaac, Jacob, et aux douze tribus; nous croyons à la doctrine de Moïse, de Jésus et des prophètes; nous ne mettons aucune différence entre eux, et nous sommes Musulmans.

Si les Chrétiens et les Juifs ont la même croyance, ils sont dans la même voie; s'ils s'en écartent, ils feront un schisme avec toi; mais Dieu te donnera la force pour les combattre, parcequ'il entend et comprend tout.

Notre religion vient du ciel, et nous y sommes fidèles. Qui plus que Dieu, a le droit de donner un culte aux hommes?

Dis-leur : Disputerez-vous avec nous de Dieu? Il est notre Seigneur et le vôtre; nous avons nos actions, vous avez les vôtres; mais notre foi est pure.

Direz-vous qu'Abraham, Ismaël, Isaac, Jacob, et les tribus d'Israël, étaient Juifs ou Chrétiens? Réponds : Etes-vous plus savants que Dieu? Quoi de plus criminel que de cacher le témoignage du Seigneur! croit-on qu'il voit avec indifférence les actions des hommes?

Ces générations ont disparu. Leurs œuvres leur sont restées, comme les vôtres vous resteront. Vous ne rendrez point compte de ce qu'elles ont fait.

12. Ceux qui, rebelles à Dieu et à

ses envoyés, veulent mettre de la différence entre eux, croyant aux uns, et niant la mission des autres, se font une religion arbitraire;

Ceux-là sont les vrais infidèles, destinés à subir un supplice ignominieux.

Mais ceux qui croiront en Dieu, et en ses envoyés indistinctement, seront récompensés, parceque le Seigneur est indulgent et miséricordieux.

13. Fais-nous descendre un livre du ciel, diront les Juifs. Ils demandèrent davantage à Moïse, quand ils le prièrent de leur faire voir Dieu manifestement. La foudre consuma les téméraires. Ensuite ce peuple pervers adora un veau, après avoir été témoin des merveilles du Tout-Puissant. Nous leur pardonnâmes, et nous donnâmes à Moïse la puissance des miracles.

14. A l'infidélité ils ont joint la calomnie contre Marie. Ils ont dit : Nous avons fait mourir Jésus, le Messie, fils

de Marie, envoyé de Dieu. Ils ne l'ont point mis à mort. Ils ne l'ont point crucifié. Un corps fantastique a trompé leur barbarie. Ceux qui disputent à ce sujet n'ont que des doutes. La vraie science ne les éclaire point. C'est une opinion qu'ils suivent. Ils n'ont pas fait mourir Jésus. Dieu l'a élevé à lui, parcequ'il est puissant et sage. Tous les Juifs et les Chrétiens croiront en lui avant leur mort. Au jour de la résurrection il sera témoin contre eux.

15. Nous avons retiré nos graces des Juifs, parcequ'ils ont été perfides, et qu'ils écartent leurs semblables des voies du salut. Ils ont exercé l'usure qui leur avait été défendue, et consumé injustement l'héritage d'autrui. Nous avons préparé des châtiments terribles à ceux d'entre eux qui sont infidèles. Mais les Juifs qui sont fermes dans la foi, qui croient au Korân, au Pentateuque, qui font la prière et l'aumône, qui croient

en Dieu et au jour dernier, recevront une récompense éclatante.

16. Nous t'avons inspiré, comme nous inspirâmes Noé, les prophètes, Abraham, Ismaël, Isaac, Jacob, les tribus, Jésus, Job, Jonas, Aaron et Salomon. Nous donnâmes à David les psaumes. Nous t'avons fait connaître une partie de nos envoyés ; il en est d'autres que nous te laissons ignorer. Dieu parla lui-même à Moïse. Nous les envoyâmes avec des promesses et des menaces, afin que les hommes n'eussent plus d'excuse devant le Dieu puissant et sage. Dieu est témoin du livre qu'il t'a envoyé avec sa science. Les anges en sont témoins ; mais le témoignage de Dieu suffit à son authenticité. L'erreur est le partage de celui qui refuse de croire, et qui s'écarte des voies du Seigneur.

17. Dieu ne pardonnera point aux infidèles chargés de crimes. Il ne les éclairera plus ; il leur montrera le che-

min de l'enfer où ils demeureront éternellement; ce qui est facile à Dieu.

Mortels, le prophète est venu vous annoncer les vérités célestes. Croyez : il y va de votre bonheur. Si vous êtes infidèles, le Tout-Puissant est le souverain des cieux et de la terre. Il possède la sagesse et la science.

18. O vous qui avez reçu les Écritures! ne passez pas les bornes de la foi; ne dites de Dieu que la vérité. Jésus est le fils de Marie, l'envoyé du Très Haut et son verbe. Il l'a fait descendre dans Marie. Il est son souffle. Croyez en Dieu et en ses apôtres. Ne dites pas qu'il y a une trinité en Dieu. Il est un. Cette croyance vous sera plus avantageuse. Loin qu'il ait un fils, il gouverne seul le ciel et la terre. Il se suffit à lui-même.

Jésus ne rougira pas d'être le serviteur de Dieu. Les anges qui environnent son trône lui obéissent. Un jour il fera paraître devant son tribunal l'orgueilleux qui rejette son joug. Ceux qui réuniront la foi et la bienfaisance, en recevront le prix. Ils seront comblés des faveurs du ciel. Ceux à qui l'orgueil fera rejeter la soumission au Très Haut, seront livrés à la rigueur des tourments. Ils ne pourront trouver d'appui ni de protection contre Dieu.

19. Mortels, le Seigneur a fait éclater pour vous ses merveilles. Il vous a fait descendre la lumière véritable. Il versera ses graces sur les croyants qui s'attacheront fermement à lui. Il les conduira dans le chemin du salut.

20. Certainement les Musulmans, les Juifs, les Chrétiens et les Sabéens, qui croiront en Dieu et au jour dernier, et qui feront le bien, en recevront la récompense de ses mains : ils seront exempts de la crainte et des supplices.

21. Prétendez-vous, ô Musulmans! que les Juifs aient votre croyance? Tandis qu'ils écoutaient la parole de Dieu,

une partie d'entre eux en corrompait le sens, après l'avoir comprise. Et ils le savaient! Avec les fidèles, ils se parent de leur religion. Retirés dans leurs assemblées, ils disent : Raconterons-nous aux Musulmans ce que Dieu nous a découvert, afin qu'ils disputent avec nous devant lui? N'en voyons-nous pas les conséquences? Ignorent-ils donc que le Très Haut sait ce qu'ils cachent comme ce qu'ils manifestent?

Parmi eux, le vulgaire ne connaît le Pentateuque que par la tradition. Il n'a qu'une aveugle croyance. Mais malheur à ceux qui, l'écrivant de leur main corruptrice, disent, pour en retirer un faible salaire : Voilà le livre de Dieu. Malheur à eux, parcequ'ils l'ont écrit et qu'ils en ont reçu le prix!

Ils ont dit : Nous ne serons livrés aux flammes qu'un nombre de jours déterminé. Réponds-leur : Dieu vous en a-t-il fait la promesse? Ne la révoquera-t-il jamais? ou plutôt n'avancez-vous point ce que vous ignorez? Certainement, les pervers descendront, environnés de leurs crimes, dans les flammes éternelles. Au contraire, les croyants qui auront fait le bien habiteront éternellement le Paradis.

22. Quand nous reçûmes l'alliance des enfants d'Israël, nous leur dîmes : N'adorez qu'un Dieu; soyez bienfaisants envers vos pères, vos proches, les orphelins et les pauvres; ayez de l'humanité pour tous les hommes; faites la prière; donnez l'aumône; et, excepté un petit nombre d'entre vous, vous avez refusé de suivre ces commandements, et vous avez marché dans l'erreur. Quand nous formâmes avec vous le pacte de ne point verser le sang de vos frères, et de ne les point dépouiller de leurs héritages, vous le ratifiâtes et vous en fûtes témoins. Vous avez ensuite massacré vos frères; vous les avez chassés de leurs

possessions, vous avez porté dans le sein de leurs asiles la guerre et l'injustice. Lorsqu'il se présente à vous des captifs, vous les rachetez, et il vous était défendu de les traiter hostilement. Croyez-vous donc à une partie de la loi, tandis que vous rejetez l'autre? Quelle sera la récompense de cette conduite? L'ignominie dans ce monde, et au jour du jugement l'horreur des supplices, car Dieu ne voit point vos actions d'un œil d'indifférence. Tels sont ceux qui ont sacrifié la vie future à la vie du monde. Mais la peine qui les attend ne sera point adoucie, et ils n'auront plus d'espoir.

Nous avons donné le Pentateuque à Moïse; nous l'avons fait suivre par les envoyés du Seigneur. Nous avons accordé à Jésus, fils de Marie, la puissance des miracles. Nous l'avons fortifié par l'esprit de sainteté[1]. Toutes les fois

[1] Par l'esprit de sainteté, les auteurs musulmans entendent Gabriel.

que les envoyés du Très Haut vous apporteront une doctrine que rejettent vos cœurs corrompus, leur résisterez-vous orgueilleusement? En accuserez-vous une partie de mensonge? Massacrerez-vous les autres?

Ils ont dit : Nos cœurs sont incirconcis. Dieu les a maudits à cause de leur perfidie. Oh! combien le nombre des croyants est petit!

Après que Dieu leur a envoyé le Korân pour confirmer leurs écritures (auparavant, ils imploraient le secours du ciel contre les incrédules), après qu'ils ont reçu ce livre qui leur avait été prédit, ils ont refusé d'y ajouter foi; mais le Seigneur a frappé de malédiction les infidèles. Ils ont malheureusement vendu leur ame pour ne pas croire à celui que le ciel leur envoie. La bienfaisance du Seigneur, qui répand ses dons à son gré sur ses serviteurs, a excité leur envie. Ils ont accumulé ire sur ire : mais un supplice ignominieux est préparé aux impies.

Lorsqu'on leur demande : Croyez-vous à ce que Dieu a envoyé du ciel? Ils répondent : Nous croyons aux Écritures que nous avons reçues; et ils rejettent le livre véritable venu depuis, pour mettre le sceau à leurs livres sacrés. Dis-leur : Pourquoi avez-vous tué les prophètes du Seigneur, si vous aviez la foi? Moïse parut au milieu de vous environné de prodiges, et, devenus sacriléges, vous adorâtes un veau.

Lorsque nous eûmes formé avec vous une alliance, et que nous eûmes élevé le mont Sinaï, nous fîmes entendre ces mots : Recevez nos lois avec ferveur; écoutez-les. Le peuple répondit : Nous t'avons entendu, et nous n'obéirons pas. Les impies abreuvaient encore, dans leurs cœurs, le veau qu'ils avaient formé. Dis-leur : Si vous avez de la foi, ce qu'elle vous commande ne peut être un crime. Dis-leur : S'il est vrai que vous ayez dans le Paradis un séjour séparé du reste des mortels, osez desirer la mort.

Ils ne formeront point ce vœu. Leurs crimes les épouvantent, et Dieu connaît les pervers. Vous les trouverez plus attachés à la vie que le reste des hommes, plus que les idolâtres mêmes. Quelques uns d'eux voudraient vivre mille ans; mais ce long âge ne les arracherait pas au supplice qui les attend, parceque l'Éternel voit leurs actions.

23. Dis : Qui se déclara l'ennemi de Gabriel? C'est lui qui, par la permission de Dieu, a déposé le Korân sur ton cœur, pour confirmer les livres sacrés venus avant lui, pour être la règle de la foi et remplir de joie les fidèles.

Celui qui sera l'ennemi du Seigneur, de ses anges, de ses ministres, de Gabriel et de Michel, aura Dieu pour ennemi, parcequ'il hait les prévaricateurs.

RELIGION.

24. Nous t'avons envoyé des signes éclatants : les pervers seuls se refuseront à leur évidence. Toutes les fois qu'ils forment un pacte avec Dieu, une partie le rejette. La plupart n'ont point la foi.

25. O croyants! ne vous liez point avec les Chrétiens, les Juifs et les impies, qui font de votre culte l'objet de leurs railleries. Craignez Dieu, si vous êtes fidèles.

Ne vous liez point avec ceux qui se moquent de la prière, à laquelle on les invite ; ils sont dans l'ignorance.

26. Demande aux Juifs : Quel est le sujet de l'horreur que vous avez pour les fidèles? Est-ce parcequ'ils croient en Dieu, aux anciennes écritures, ou parceque la plupart d'entre vous sont prévaricateurs?

Que vous peindrai-je de plus terrible que la vengeance que Dieu a exercée contre vous? Il vous a maudits dans sa colère. Il vous a transformés en singes et en porcs, parceque vous avez brûlé de l'encens devant les idoles, et que vous êtes plongés dans les plus profondes ténèbres.

Lorsqu'ils se sont présentés à vous, ils ont dit : Nous croyons. Ils sont entrés avec l'infidélité; ils s'en sont retournés avec l'infidélité : mais Dieu connaît ce qu'ils recèlent.

27. Combien d'entre eux se livrent à l'iniquité? Combien en verrez-vous se nourrir des mets défendus? Mais malheur à leurs œuvres!

Si leurs docteurs et leurs pontifes n'arrêtaient l'impiété de leurs discours, s'ils ne les empêchaient de transgresser le précepte des aliments, malheur aux maux qu'ils commettraient!

Dis aux Juifs et aux Chrétiens : Vous n'êtes appuyés sur aucun fondement, tant que vous n'observerez par le Pentateuque, l'Évangile et les commandements de Dieu. Le livre que tu as reçu du ciel augmentera l'aveuglement de beaucoup d'entre eux ; mais ne t'alarme point sur le sort des infidèles.

28. Vous éprouverez que les Juifs et les idolâtres sont les plus violents ennemis des fidèles, et parmi les Chrétiens vous trouverez des hommes humains et attachés aux croyants, parcequ'ils ont des prêtres et des religieux voués à l'humilité.

29. Nous avons prescrit à chaque peuple ses rites sacrés. Qu'ils les observent, et qu'ils ne disputent point sur la religion. Appelle-les à Dieu. Tu es dans le chemin véritable. S'ils disputent, dis-leur : Dieu connaît vos actions. Il jugera vos différends au jour de la résurrection. Ignorez-vous que la science de Dieu embrasse l'étendue des cieux et de la terre? Tout est écrit dans le livre. Tout est facile au Très Haut. Le culte qu'ils rendent aux idoles n'est point autorisé

du ciel. Ils n'ont point la science pour guide. Un jour ils seront sans protecteur.

30. Dis aux Juifs et aux Chrétiens : Terminons nos différends, n'adorons qu'un Dieu, ne lui donnons point d'égal ; qu'aucun de vous n'ait d'autre Seigneur que lui. S'ils refusent d'obéir, dis-leur : Vous rendrez témoignage que nous sommes croyants.

Des idolâtres.

1. Déclaration de la part de Dieu et du prophète, aux idolâtres avec lesquels vous aurez fait alliance.

Voyagez avec sécurité pendant quatre mois, et songez que vous ne pouvez arrêter le bras du Tout-Puissant qui couvrira d'opprobre les infidèles.

Dieu et son envoyé déclarent qu'après les jours du pèlerinage, il n'y a plus de pardon pour les idolâtres. Il vous importe de vous convertir. Si vous persistez dans l'incrédulité, souvenez-vous que vous ne pourrez suspendre la vengeance céleste. Annonce aux infidèles des supplices douloureux.

Gardez fidèlement l'alliance contractée avec les idolâtres, s'ils l'observent eux-mêmes, et s'ils ne fournissent aucun secours à vos ennemis. Dieu aime ceux qui le craignent.

Les mois sacrés écoulés, mettez à mort les idolâtres, partout où vous les rencontrerez. Faites-les prisonniers. Assiégez leurs villes. Tendez-leur des embûches de toutes parts. S'ils se convertissent, s'ils accomplissent la prière, s'ils payent le tribut sacré, laissez-les en paix. Le Seigneur est clément et miséricordieux.

2. Accorde une sauvegarde aux idolâtres qui t'en demanderont, afin qu'ils entendent la parole divine. Qu'elle leur serve de sûreté pour s'en retourner, parcequ'ils sont ensevelis dans les ténèbres de l'ignorance.

3. Dieu et le prophète peuvent-ils avoir un pacte avec les idolâtres ? Cependant s'ils observent le traité formé près du temple de la Mecque, soyez-y fidèles. Dieu aime ceux qui le craignent.

Comment l'observeront-ils ? S'ils ont l'avantage sur vous, ni les liens du sang, ni la sainteté de leur alliance, ne pourront les empêcher d'être parjures.

Ils ont vendu la doctrine du Korân pour un vil intérêt. Ils ont écarté les croyants du chemin du salut. Toutes leurs actions sont marquées au coin de l'iniquité.

Ils ont rompu tous les freins. Ils violent et les liens du sang et leurs serments.

Si, revenus de leurs erreurs, ils accomplissent la prière et payent le tribut sacré, ils seront vos frères en religion. J'explique les préceptes du Seigneur à ceux qui savent les comprendre.

Si, manquant à la solennité de leur pacte, ils troublent votre culte, attaquez les chefs des infidèles, puisque leurs serments ne peuvent les retenir.

4. Refuseriez-vous de combattre un peuple parjure, qui s'est efforcé de chasser votre apôtre, qui vous a attaqué le premier? Le craindriez-vous? Mais la crainte de Dieu ne doit-elle pas être plus forte, si vous êtes fidèles?

Attaquez-les. Dieu les punira par vos mains. Il les couvrira d'opprobre. Il vous protégera contre eux, et fortifiera le cœur des fidèles.

Il dissipera leur indignation, et fera grace à qui il voudra, parcequ'il est savant et sage.

Avez-vous pensé que vous seriez abandonnés, quand Dieu ne connaissait pas encore ceux d'entre vous qui devaient combattre; quand, sans alliés, vous n'aviez pour appui que le bras du Seigneur, son apôtre et quelques fidèles? Le Très Haut connaît vos actions.

Combattez ceux qui ne croient point

en Dieu, et au jour dernier, qui ne défendent point ce que Dieu et le prophète ont interdit, et qui ne professent point la religion véritable des Juifs et des Chrétiens. Combattez-les jusqu'à ce qu'ils payent le tribut de leurs propres mains, et qu'ils soient soumis.

O croyants ! les idolâtres sont immondes.

5. L'entrée du temple saint doit être interdite aux idolâtres. L'irréligion qu'ils professent les en rend indignes. Leurs œuvres sont vaines. Le feu sera leur demeure éternelle.

Mais ceux qui croient en Dieu et au jour dernier, qui font la prière, qui payent le tribut sacré, n'ayant d'autre crainte que celle de Dieu, visiteront son temple; pour eux la voie du salut est facile.

RELIGION.

Les anges.

1. Les anges sont les messagers de Dieu. Il leur a donné deux, trois et quatre ailes.

Ils ne parlent qu'après lui, et ils exécutent ses volontés.

Il sait ce qui existait avant eux et ce qui sera après. Ils ne peuvent intercéder sans sa permission.

Ils sont saisis de frayeur en sa présence.

Si quelqu'un d'eux osait dire : Je suis Dieu, il serait précipité dans l'enfer. C'est ainsi que nous récompensons l'impie.

2. L'homme est environné d'anges qui se succèdent sans cesse. Dieu les a chargés de veiller à sa conservation. Il ne retire ses graces que quand l'homme est perverti. Lorsqu'il voudra le punir, rien ne pourra lui mettre obstacle, parce qu'il n'y a point d'abri contre sa puissance. C'est lui qui fait briller la foudre.

3. Les incrédules prétendent que les anges sont les filles de Dieu. Cette assertion, dépourvue d'autorité, n'a pour fondement que leur opinion, et leur opinion est loin de la vérité.

4. Nous fîmes un pacte avec Adam; mais, peu ferme dans sa promesse, il l'oublia bientôt.

Nous ordonnâmes aux anges de se prosterner devant lui. Tous l'adorèrent. *Éblis* seul refusa d'obéir. Nous dîmes à Adam et à son épouse : Voilà votre ennemi. Prenez garde qu'il ne vous chasse du Paradis, et qu'il ne vous rende malheureux.

Vous n'y souffrirez ni de la faim, ni de la nudité. Vous n'y serez incommodés, ni par la soif, ni par la chaleur.

Le démon tenta Adam. Veux-tu, lui dit-il, que je te fasse connaître l'arbre de l'éternité, l'arbre qui donne une souveraineté sans fin?

Adam et son épouse mangèrent du

fruit défendu. Ils aperçurent leur nudité, et se firent des habits de feuilles. Le premier homme fut désobéissant et prévaricateur.

Dans la suite, Dieu reçut sa pénitence. Il eut compassion de lui, et l'éclaira.

Descendez du Paradis, leur dit le Seigneur; vous avez été ennemis l'un de l'autre. Un jour je vous enverrai un guide. Celui qui le suivra ne s'égarera point, et le malheur ne sera point son partage. Celui qui ne voudra pas entendre ma doctrine éprouvera l'infortune dès cette vie. Au jour de la résurrection, il sera environné de ténèbres.

Seigneur, s'écriera-t-il, pourquoi suis-je aveugle? Auparavant je croyais. Nous t'avons prêché nos commandements, lui répondra Dieu; tu les as oubliés. Aujourd'hui tu vas être plongé dans l'oubli.

Tel sera le sort de l'idolâtre et de l'infidèle. Les peines de la vie future seront terribles et permanentes.

Ne réfléchissent-ils donc point aux méchants que nous avons exterminés ? Ils foulent la terre qu'ils habitaient. Ces exemples devraient les effrayer, s'ils pouvaient comprendre.

5. Un jour les infidèles regretteront de n'avoir pas eu la foi.

Laisse-les jouir des délices de la vie, et nourrir dans leurs cœurs de douces espérances. Bientôt ils verront.

Ils ont dit au prophète : O toi qui as reçu le Korân, tu n'es qu'un insensé !

Si tu nous apportais la vérité, ne viendrais-tu pas accompagné d'anges ?

Les anges ne viendront que quand il sera nécessaire ; alors les impies ne seront plus attendus.

Nous avons fait descendre le livre des avertissements. Nous sommes chargés de sa conservation.

Nous envoyâmes des prophètes aux sectes des anciens.

Ils furent tous en butte aux traits de la raillerie.

Ainsi nous endurcissons le cœur des méchants.

Ils ne croiront point, malgré l'exemple des peuples qui les ont précédés.

Si nous ouvrions la porte du ciel, et qu'ils fussent prêts à y entrer,

Ils s'écrieraient : L'ivresse offusque nos yeux, ou nous sommes dans l'illusion.

Nous avons placé au firmament des signes pour contenter les regards.

Nous les défendons contre les attentats des démons percés de traits.

Si quelqu'un d'eux ose y pénétrer pour entendre, il sera poursuivi par les flammes.

Nous avons étendu la terre et affermi les montagnes. Nous y avons fait éclore toutes les plantes dans un ordre admirable.

Nous y avons mis tout ce qui vous

sert d'aliment, et les animaux que vous ne nourrissez pas.

La source de toutes choses est dans nos mains. Nous les dispensons avec une sage économie.

Nous envoyons les vents qui portent la fécondité. Nous faisons couler l'eau des nuages pour vous désaltérer. Vous n'en avez pas les réservoirs.

Nous donnons la vie et la mort. Tout l'univers est notre héritage.

Nous connaissons ceux qui vous ont précédés, comme ceux qui vous suivront.

Ton Dieu les rassemblera tous devant lui. Il est savant et sage.

Nous avons créé l'homme du noir limon de la terre.

Avant lui nous avons créé les esprits de feu pur.

6. Dieu dit à ses anges : Je formerai l'homme du limon de la terre.

Lorsque j'aurai consommé mon ouvrage, et que je l'aurai animé de mon souffle, prosternez-vous devant lui pour l'adorer.

Tous les anges l'adorèrent.

Eblis seul refusa d'obéir à l'ordre du Créateur.

Pourquoi n'adores-tu pas l'homme? lui dit l'Éternel.

Me prosternerai-je, répondit *Eblis*, devant un être formé de boue?

Sors de ce séjour, *continua le Très Haut*, tu seras réprouvé.

Ma malédiction te poursuivra jusqu'au jour du jugement.

Seigneur, répliqua *Eblis*, diffère ta vengeance jusqu'au jour de la résurrection.

Je t'attendrai, dit Dieu,

Jusqu'au terme marqué.

Puisque tu m'as fait tomber, ajouta l'esprit rebelle, je rendrai le mal agréable aux hommes, et je les séduirai tous.

Tes serviteurs sincères seront seuls épargnés.

Dieu dit : Je suis la voie du salut ;

Tu n'auras aucune puissance sur mes adorateurs ; les infidèles seuls t'obéiront.

L'enfer est leur unique promesse.

Il a sept portes. Ils auront leur place marquée auprès de chaque porte.

Les jardins et les fontaines seront le partage de ceux qui craignent le Seigneur.

Ils y entreront avec la paix et la sécurité.

Nous ôterons l'envie de leurs cœurs. Ils reposeront sur des lits, et auront les uns pour les autres une bienveillance fraternelle.

La fatigue n'approchera point du séjour de délices. On ne leur en ravira point la possession.

7. Prêche à mes serviteurs mon indulgence et ma miséricorde.

Prêche-leur mes châtiments terribles.

Récite-leur l'histoire des hôtes d'Abraham.

Lorsqu'ils se furent approchés, et qu'ils lui eurent donné le salut, il laissa voir quelques mouvements de frayeur.

Ne crains point, lui dirent-ils, nous venons te prédire un fils doué de science.

Vous m'annoncez, répondit Abraham, un enfant dans ma vieillesse; qui me prouvera votre prédiction?

La vérité, ajoutèrent les anges. Ne désespère point.

Et qui peut, dit Abraham, désespérer de la miséricorde divine, si ce n'est l'impie?

Ministres du Très Haut, quelle est votre mission?

Nous allons punir des coupables.

Nous sauverons la famille de Loth.

Son épouse seule sera enveloppée dans la ruine générale.

Lorsque les anges furent arrivés à la maison de Loth,

Il leur dit : Je ne vous connais point.

Nous venons tirer tes concitoyens du doute.

Nous sommes véridiques ; nous ne connûmes jamais l'imposture.

Sors cette nuit avec ta famille. Marche après elle. Qu'aucun de vous ne détourne la tête. Allez où l'on vous ordonne.

Nous lui fîmes connaître l'arrêt porté contre les coupables qui devaient tous être exterminés au lever du jour.

Les habitants de Sodôme vinrent tout joyeux à la maison de Loth.

Ce sont mes hôtes, leur représenta l'homme juste. Ne me déshonorez pas.

Craignez Dieu, et ne me couvrez pas d'opprobre.

Ne t'avons-nous pas défendu l'hospitalité ? lui répondit le peuple.

Voilà mes filles, ajouta Loth ; contentez-vous-en.

Par ta vie, ô Mahomet ! ils persistaient dans leur coupable ivresse.

RELIGION. 107

Au lever du soleil le cri de l'ange précipita sur eux nos fléaux.

Nous ensevelîmes Sodôme sous ses ruines, et nous fîmes tomber sur ses habitants une pluie de pierres.

Ce sont des signes pour ceux qui voient.

Sodôme était située sur le grand chemin.

Cet exemple sert d'avertissement aux fidèles.

8. Les habitants d'*Aleïca* [1] étaient corrompus.

Nous leur fîmes éprouver nos châtiments. Ces deux villes étaient situées sur la voie publique.

Les habitants d'*Hegr* [2] accusèrent nos envoyés d'imposture.

Nous leur montrâmes des prodiges, et ils persistèrent dans leur incrédulité.

[1] La ville d'*Aleïca* était située dans le désert près de Madian, sur le bord de la mer Rouge.

[2] Les habitants d'*Hegr*, c'est-à-dire les *Thémudéens*. Saleh fut leur apôtre.

Ils bâtissaient des maisons dans le rocher, et se croyaient en sûreté.

Le cri de l'ange les anéantit au lever de l'aurore.

Leurs travaux ne leur furent d'aucune utilité.

9. Nous avons créé le ciel et la terre, et tout ce que renferme l'espace qui les sépare. La vérité présida à notre ouvrage. Certainement l'heure viendra. O Mahomet ! fais une retraite glorieuse !

Ton Dieu est le créateur, le savant.

Nous t'avons apporté les sept versets[1] qui servent de prière, et le Korân précieux.

N'arrête point tes regards sur les biens que nous avons dispensés aux pervers. Ne t'afflige point de leur sort. Étends les ailes sur les fidèles.

[1] Ce sont les sept versets qui, dans le Korân, composent le chapitre de l'introduction. (Voyez ci-dessus, page 1.)

Dis-leur : Je suis votre apôtre véritable.

Nous avons puni ceux qui divisent les livres sacrés ;

Qui partagent le Korân.

J'en atteste ton Dieu, nous leur ferons rendre un compte rigoureux.

Toutes leurs actions seront pesées.

Manifeste nos commandements, et fuis les idolâtres.

Notre assistance te suffit contre ceux qui se moquent de la religion.

Ceux qui donnent un égal à Dieu verront.

Nous savons que leurs discours t'affligent ;

Mais célèbre les louanges de ton Dieu ; adore sa majesté suprême.

Sers le Seigneur jusqu'à l'instant qui terminera tes jours.

Les génies[1].

Déclare, ô Mahomet! ce que le ciel t'a révélé. L'assemblée des génies[2] ayant écouté la lecture du Korân, s'écria : Voilà une doctrine merveilleuse.

Elle conduit à la vraie foi. Nous croyons en elle, et nous ne donnerons point d'égal à Dieu.

Gloire à sa majesté suprême! Dieu n'a point d'épouse, il n'a point enfanté.

Un de nous, dans sa folie, avait blasphémé contre l'Éternel.

Nous pensions que jamais homme ni génie n'aurait cet orgueil insensé.

Des hommes voulurent chercher la lumière, auprès de quelques uns de nous, et ils n'en rapportèrent que l'erreur.

---

[1] Voyez tome 1, page 80.

[2] Ces génies habitaient Ninive. Ils se présentèrent à Mahomet lorsqu'au lever de l'aurore il priait sous un palmier. *Gelaleddin.*

RELIGION. 111

Ces esprits croyaient comme vous, ô mortels ! que Dieu ne ressusciterait personne.

Nous voulûmes nous élever dans les cieux, et nous les trouvâmes gardés par des troupes vigilantes, et des feux pénétrants.

Nous y avons été assis sur des siéges, pour entendre ; mais quiconque voudra écouter désormais, trouvera la flamme prête à le repousser.

Nous ignorions si ce que le Très Haut a destiné aux habitants de la terre était pour leur malheur, ou pour leur instruction.

Parmi nous il est des génies vertueux, il en est de pervers; nous sommes divisés en plusieurs ordres.

Nous savions qu'il nous était impossible d'éviter le courroux du ciel sur la terre, et que la fuite ne nous en mettrait pas à l'abri.

Nous avons entendu la doctrine du

Korân, et nous l'avons embrassée. Celui qui croit n'a point à craindre de perdre le mérite de ses œuvres, ni d'être rejeté de Dieu.

Quelques uns de nous professent l'Islamisme ; les autres ont abjuré la vérité. Ceux qui ont cru recherchent avec ardeur la vraie doctrine ;

Ceux qui l'ont rejetée serviront d'aliment aux flammes.

La prière.

1. Tous les peuples ont un lieu vers lequel ils adressent leurs prières. Appliquez-vous à faire ce qui est mieux partout où vous serez. Dieu vous rassemblera tous un jour. Rien ne borne sa puissance.

De quelque lieu que tu sortes, tourne la face vers le temple Haram. Ce précepte est émané de la vérité du Dieu qui pèse les œuvres des hommes. De quelque lieu que tu sortes, tourne ta face vers le temple Haram. En quelque lieu que tu sois, porte les regards vers ce sanctuaire auguste, afin que les peuples n'aient point de sujet de t'accuser. Les méchants seuls l'oseront. Ne les crains point, mais crains-moi, afin que je te comble de faveurs, et que je sois ton guide.

2. Lève-toi pour prier pendant les ténèbres.

Reste en prière jusqu'à minuit ou un peu moins.

Redouble de ferveur et chante les hymnes du Korân.

Nous te révèlerons des vérités sublimes.

A l'entrée de la nuit, on a plus de force pour concevoir, et plus de facilité pour s'exprimer.

De longues occupations te retiennent pendant le jour.

Souviens-toi du nom de Dieu. Quitte tout pour t'en entretenir.

3. Accomplissez exactement la prière, surtout celle du midi. Levez-vous et priez avec dévotion. Si vous êtes dans la crainte, faites la prière en marchant, ou à cheval; lorsque vous êtes en sûreté, rappelez-vous les graces du ciel. Songez qu'il vous a enseigné la doctrine que vous ignoriez.

4. Vous ne serez point coupables d'abréger vos prières pendant le voyage, si vous avez lieu de craindre que les infidèles vous surprennent, parcequ'ils sont vos ennemis manifestes.

Lorsque tu seras à la tête de l'armée et que tu annonceras la prière, qu'une partie prenne les armes et prie avec toi. Ceux qui auront rendu leur hommage au Seigneur se retireront derrière, et les autres prendront leur place. Qu'ils prennent leurs sûretés en priant, et qu'ils soient armés. Les infidèles voudraient que vous négligeassiez vos armes et votre bagage, afin de fondre tous ensemble sur vous. Si la maladie ou la pluie vous obligent à vous désarmer, ce ne sera pas un crime, mais soyez sur vos gardes. Dieu a préparé aux infidèles un supplice ignominieux. La prière accomplie, gardez le souvenir du Seigneur, debout, assis ou couchés. Lorsque vous serez en sûreté, faites la prière en entier aux heures où elle a été prescrite aux fidèles.

5. Dieu sait que tu restes en prière jusqu'aux deux tiers, jusqu'à la moitié, ou au moins jusqu'au tiers de la nuit; les croyants en font de même. Il sait que vous ne pouvez exactement compter le temps; c'est pourquoi il use d'indulgence envers vous. Lisez du Korân ce qui vous sera le moins pénible. Il n'ignore pas qu'il y a parmi vous des infirmes, des fidèles qui voyagent pour se procurer l'abondance, d'autres qui combattent sous l'étendard de la foi. Lisez donc ce qui vous sera le moins pénible. Faites la prière. Payez le tribut sacré. Formez

avec le Seigneur une alliance glorieuse.
Vous trouverez dans ses mains le bien
que vous aurez fait. Vous recevrez la
récompense de vos vertus. Implorez l'indulgence du Seigneur; il est indulgent
et miséricordieux.

6. Les hypocrites voudraient tromper
Dieu; mais ils sont la dupe de leurs
fourberies lorsqu'ils se lèvent pour prier;
ils le font avec ostentation; ils cherchent
à fixer les regards des hommes, et peu
d'entre eux pensent au Seigneur.

7. Ceux que l'espoir de voir Dieu rend
constants dans l'adversité, qui s'acquittent avec exactitude de la prière, qui
donnent en secret ou en public des biens
que nous leur avons dispensés, qui effacent leurs fautes par leurs bonnes
œuvres : ceux-là auront pour séjour le
palais éternel.

Ils seront introduits dans les jardins
d'Éden, ainsi que leurs pères, leurs
épouses et leurs enfants qui auront été

justes. Là ils recevront la visite des anges qui y entreront par toutes les portes.

La paix soit avec vous, leur diront-ils. Vous avez persévéré; qu'il est doux le séjour du palais éternel !

8. Commande la prière à ta famille. Fais-la avec persévérance. Nous n'exigeons point que tu amasses des trésors. Nous fournirons à tes besoins. La piété aura sa récompense.

9. O croyants ! ne priez point lorsque vous êtes ivres : attendez que vous puissiez comprendre *les paroles* que vous prononcez. Ne priez point quand vous êtes souillés : attendez que vous ayez fait vos ablutions, à moins que vous ne soyez en voyage. Si vous êtes malades ou en voyage, frottez-vous le visage et les mains avec de la menue poussière à défaut d'eau. Dieu est indulgent et miséricordieux.

L'aumône.

1. Ils t'interrogeront comment il faut faire l'aumône. Dis-leur : Il faut secourir les parents, les proches, les orphelins, les pauvres, les voyageurs. Le bien que vous ferez sera connu de Dieu.

2. Donnez votre superflu ; c'est ainsi que Dieu vous fait connaître ses lois, afin que vous gardiez son souvenir dans ce monde et dans l'autre.

O croyants ! donnez l'aumône, des biens que nous vous avons départis, avant le jour où l'on ne pourra plus acquérir, où il n'y aura plus d'intercession.

3. Ceux qui font l'aumône par ostentation, et qui n'ont point la foi, seront les compagnons du diable ! Infortunés compagnons ! Qu'auraient-ils perdu à croire en Dieu, au jour dernier, à verser leurs richesses dans le sein de l'indigent ? Le Très Haut n'eût-il pas connu leurs œuvres ?

4. Si tu t'éloignes de l'indigent, obligé toi-même d'avoir recours à la miséricorde divine, parle-lui au moins avec humanité.

5. O croyants ! ne rendez point vain le mérite de vos aumônes, par le murmure et l'iniquité. Celui qui fait l'aumône par ostentation, et qui ne croit pas en Dieu et au jour dernier, est semblable au rocher couvert de poussière. Une pluie abondante survient, et ne lui laisse que sa dureté. Ses actions n'auront aucun mérite aux yeux de l'Éternel ; parcequ'il ne dirige point les infidèles.

6. Ceux qui dépensent leurs richesses dans le sentier de Dieu, ressemblent à un grain qui produit sept épis et dont chacun donne cent grains. Dieu augmente les biens de celui qu'il veut. Il est immense et savant.

Ceux qui dépensent leurs richesses dans le sentier de Dieu et qui ne font point suivre leurs largesses de reproches ni de mauvais procédés, auront une récompense auprès de leur Seigneur; la crainte ne descendra point sur eux, et ils ne seront point affligés.

Une parole honnête, l'oubli des offenses, vaut mieux qu'une aumône qu'aura suivie un mauvais procédé. Dieu est riche et clément.

7. O croyants! faites l'aumône des biens que vous avez acquis, et des productions que nous faisons sortir de la terre; ne choisissez pas ce que vous avez de plus mauvais pour le donner.

N'offrez point ce que vous ne voudriez pas recevoir, à moins que ce ne fût l'effet d'une convention; sachez que Dieu est riche et comblé de louanges.

8. Ceux qui blâment les aumônes des fidèles généreux, de ceux qui n'ont pour vivre que le fruit de leurs travaux, et qui se moquent de leur crédulité, seront l'objet de la risée de Dieu, et la victime de ses tourments. En vain tu

implorerais soixante-dix fois pour eux la miséricorde divine. Dieu ne leur pardonnera point, parcequ'ils ont refusé de croire en lui et au prophète, et qu'il n'éclaire point les prévaricateurs.

9. L'aumône que vous ferez, le vœu que vous aurez formé, seront connus du ciel. La réprobation ne sera point le partage des bienfaisants. Il est bien de manifester ses bonnes œuvres ; il est mieux de les cacher, et de les verser dans le sein des pauvres. Elles effacent les péchés, parceque le Très Haut est le témoin des actions.

10. Les justes habiteront les jardins ornés de fontaines. Ils jouiront des bienfaits de Dieu, parcequ'ils ont pratiqué la bienfaisance. Ils dormaient peu la nuit : dès l'aurore, ils imploraient la miséricorde divine. Ils partageaient leurs richesses avec l'indigent qui sollicitait leur bienfaisance, et avec le pauvre que la honte retenait.

11. Les aumônes doivent être employées pour le soulagement des pauvres, des indigents, de ceux qui les recueillent, de ceux qui sont résignés à la volonté de Dieu, pour la rédemption des captifs, pour secourir ceux qui sont chargés de dettes, pour les voyageurs, et pour le soutien de la guerre sainte. Telle est la distribution prescrite par le Seigneur. Il est savant et sage.

Le jeûne [1].

1. O croyants! il est écrit que vous serez soumis au jeûne, comme le furent vos pères, afin que vous craigniez le Seigneur.

Les jours du jeûne sont comptés. Celui qui sera malade, ou en voyage, jeûnera dans la suite un nombre de jours égal. Ceux qui, pouvant supporter l'abstinence, la rompront, auront pour peine expiatoire la nourriture d'un pau-

[1] Voyez tome 1, page 177.

vre. Celui qui fera volontairement ce qui est mieux, aura une récompense proportionnée. Il sera plus méritoire de jeûner. Si vous le saviez !

2. Le mois de Ramadan, dans lequel le Korân est descendu du ciel, pour être le guide, la lumière des hommes, et la règle de leurs devoirs, est le temps destiné à l'abstinence. Quiconque verra ce mois doit observer le précepte. Celui qui sera malade, ou en voyage, jeûnera dans la suite un nombre pareil de jours. Dieu veut vous conduire avec douceur, afin que vous remplissiez le commandement et que vous célébriez ses louanges. Il prend soin de vous guider lui-même, afin que vous l'honoriez par votre reconnaissance.

3. Vous pouvez, la nuit du jeûne, vous approcher de vos épouses. Elles sont votre vêtement, et vous êtes le leur. Dieu savait que vous eussiez été transgresseurs. Il a tourné ses regards

sur vous, et vous a pardonné. Voyez vos femmes, et desirez les promesses que le Seigneur vous a faites. Le manger et le boire vous sont permis jusqu'à l'instant où vous pourrez, à la clarté du jour, distinguer un fil blanc d'un fil noir. Accomplissez ensuite le jeûne jusqu'à la nuit. Eloignez-vous pendant ce temps de vos femmes, et passez le jour en prière. Tel est le précepte du Seigneur. Il déclare ses lois aux mortels afin qu'ils le craignent.

Des viandes défendues.

1. O croyants! gardez vos engagements. Nourrissez-vous de la chair de vos troupeaux; mais ne mangez pas des animaux qu'il vous est défendu de tuer à la chasse pendant le voyage de la Mecque. Dieu commande ce qu'il lui plaît.

2. Les animaux morts, le sang, la chair du porc, les animaux suffoqués,

assommés, tués par quelque chute ou d'un coup de corne ; ceux qui sont devenus la proie d'une bête féroce, à moins que vous n'ayez le temps de les saigner, ceux qu'on a immolés aux autels des idoles, et sur lesquels on a invoqué un autre nom que celui de Dieu ; tout cela vous est défendu.

3. Aujourd'hui j'ai mis le sceau à votre religion. Mes graces sur vous sont accomplies. Il m'a plu de vous donner l'Islamisme. Celui qui, cédant à la nécessité de la faim, sans avoir dessein de mal faire, transgressera les lois que nous avons prescrites, éprouvera l'indulgence divine.

4. Ils te demanderont ce qui leur est permis. Réponds-leur : Tout ce qui n'est pas immonde. La proie que vous procureront les animaux dressés à la chasse, d'après la science que vous avez reçue de Dieu, vous est permise. Mangez-en, et invoquez sur elle le nom du Seigneur.

Craignez-le parcequ'il est exact dans ses comptes.

5. Aujourd'hui on vous a ouvert la source des biens. La nourriture des Juifs vous est licite. La vôtre leur est permise.

6. La plupart des hommes n'ont pour règle que l'opinion et le mensonge. Si tu les suis, ils t'écarteront du sentier de Dieu. Ton Dieu connaît ceux qui sont dans l'erreur, et ceux que la foi éclaire. Si vous croyez en sa doctrine, ne mangez que des animaux sur lesquels on aura invoqué son nom.

Pourquoi ne suivriez-vous pas ce précepte? Il vous a fait connaître les aliments qui vous sont défendus. La loi de la nécessité peut seule vous les rendre licites. La plupart des hommes s'égarent, séduits par leurs passions et aveuglés par l'ignorance ; mais Dieu connaît les prévaricateurs. Évitez le crime en secret et en public. Le méchant recevra le prix de ses œuvres. Ne mangez point des animaux sur lesquels on n'aura pas invoqué le nom de Dieu : c'est un crime. Les démons inspireront à leurs adorateurs de combattre ce précepte. Si vous cédez à leurs instances, vous deviendrez idolâtres. Celui qui était mort, et à qui nous avons donné la vie et la lumière pour se conduire parmi les hommes, sera-t-il semblable à celui qui est plongé dans les ténèbres, d'où il ne sortira point? Le crime s'embellit aux yeux des pervers. Nous avons mis dans chaque ville des scélérats pour tromper ; mais ils ne trompent qu'eux-mêmes, et ils ne le savent pas.

Du vin et du jeu.

1. Ils t'interrogeront sur le vin et les jeux de hasard; dis-leur qu'ils sont criminels et plus funestes qu'utiles.

2. O croyants! le vin, les jeux de hasard, les statues, et le sort des flè-

ches¹, sont une abomination inventée par Satan. Abstenez-vous-en, de peur que vous ne deveniez pervers. Le démon se servirait du vin et du jeu pour allumer parmi vous les dissensions, et vous détourner du souvenir de Dieu et de la prière. Voudriez-vous devenir prévaricateurs? Obéissez à Dieu, à son apôtre, et craignez; si vous êtes rebelles, sachez que le prophète n'est chargé que de vous annoncer la vérité.

Des mois sacrés.

Quand le Tout-Puissant créa les cieux et la terre, il écrivit l'année de douze mois. Ce nombre fut gravé dans le livre saint. Quatre de ces mois sont sacrés; c'est la vraie croyance. Fuyez pendant ces jours l'iniquité; mais combattez les idolâtres en tout temps, comme ils vous combattent. Sachez que le Seigneur est avec ceux qui le craignent. Transporter

¹ Voyez tome 1, page 108.

à un autre temps les mois sacrés, est un excès d'infidélité. Les idolâtres autorisent ce changement une année, et le défendent la suivante, afin d'accomplir les mois sacrés. Ils permettent ce que Dieu a défendu. Ils se font gloire de leurs crimes. Dieu n'éclaire point les impies.

Le vendredi.

O croyants, lorsque vous êtes appelés à la prière du vendredi, empressez-vous d'aller rendre vos hommages au Tout-Puissant. Que rien ne vous arrête ; votre zèle aura sa récompense. Si vous saviez !

Lorsque la prière est finie, allez en liberté. Cherchez à vous procurer les biens que le ciel a dispensés aux humains ; entretenez dans vos cœurs le souvenir du Seigneur, afin que vous soyez heureux.

Mais lorsque l'intérêt se fait entendre, ils courent où sa voix les appelle, et abandonnent le ministre du Seigneur. Dis-leur : Les trésors que Dieu vous offre sont plus précieux que les avantages momentanés; Dieu est le plus magnifique des dispensateurs.

Pèlerinage[1].

1. Annonce aux peuples le saint pèlerinage. Qu'ils l'accomplissent à pied ou sur des chameaux; qu'ils viennent des contrées les plus éloignées, ils verront combien ils en retireront d'avantages. Aux jours marqués, ils rendront graces au Seigneur qui leur a permis de manger la chair des troupeaux. Nourrissez-vous-en, et calmez la faim du pauvre. Qu'ils quittent tout levain d'infidélité, qu'ils accomplissent leurs vœux, et qu'ils fassent le tour de la maison antique.

2. Le premier temple qui ait été fondé par les hommes, est celui de Becca[2], temple béni, et *Kebla*[3] de l'univers.

---

[1] Voyez tome 1, pages 184 et suivantes.

[2] *Becca* est le nom de la Mecque.

[3] C'est-à-dire le point vers lequel on doit se tourner en priant.

Vous y verrez les traces des miracles évidents. Là est la station d'Abraham. Quiconque entre dans son enceinte est à l'abri de tout danger. En faire le pèlerinage, est un devoir envers Dieu pour quiconque est en état de le faire.

Quant aux infidèles, qu'importe? Dieu peut se passer de l'univers entier.

3. Accomplissez le pèlerinage de la Mecque et la visite du temple, en l'honneur de Dieu. Si vous en êtes empêchés, offrez au moins un léger présent. Ne rasez point vos têtes, jusqu'à ce que la victime soit parvenue au lieu où l'on doit l'immoler. Celui que la maladie ou quelque accident obligerait à se raser, aura pour expiation le jeûne, l'aumône ou quelque offrande. Lorsqu'il n'y aura rien à craindre, celui qui entreprendra le pèlerinage de la Mecque offrira, après avoir visité les saints lieux, ce que son état lui permettra. Celui qui ne pourra rien offrir jeûnera trois jours pendant le

voyage, et sept lorsqu'il sera de retour. Ce jeûne complet sera de dix jours. Nous imposons cette pénitence à celui qui n'aura point de serviteurs au temple de la Mecque. Craignez Dieu, il est terrible dans ses vengeances.

4. Le pèlerinage se fera dans les mois prescrits. Celui qui l'entreprendra doit s'abstenir des femmes, du crime et des dissensions. Le bien que vous ferez sera connu de Dieu. Prenez des provisions pour le voyage. La meilleure est la piété. Craignez-moi, vous qui avez un cœur.

5. *Sapha* et *Merra*[1] sont des monuments de Dieu. Celui qui aura fait le pèlerinage de la Mecque, et aura visité la maison sainte, sera exempt d'offrir une victime d'expiation, pourvu qu'il fasse le tour de ces deux montagnes. Celui qui fera plus que le précepte éprouvera la reconnaissance du Seigneur.

[1] *Safa* et *Merra*, collines à peu de distance de la Mecque, sont consacrées par la religion.

Lorsque vos saintes cérémonies seront accomplies, que le souvenir de Dieu excite dans vos cœurs un amour encore plus grand que celui de vos proches. Il est des hommes qui disent : Seigneur, donne-nous notre portion de biens dans ce monde. Ils n'auront point de part à la vie future. D'autres disent : Verse tes dons sur nous dans ce monde et dans l'autre, et nous délivre de la peine du feu. Ils auront tous leurs œuvres pour héritage. Dieu est exact dans ses jugements.

Souvenez-vous du Seigneur dans les jours marqués. Celui qui aura hâté ou retardé son voyage d'un jour n'aura point de peine à subir s'il craint Dieu. Ayez sa crainte toujours présente : sachez que vous retournerez à lui.

6. O croyants ! ne profanez pas les lieux consacrés à Dieu, ni le mois Haram, ni les victimes, ni leurs ornements. Respectez ceux qui font le pèlerinage,

et qui cherchent à se procurer l'abondance et la bienveillance du Seigneur.

Ne vous livrez point à la haine contre ceux qui vous auront interdit l'entrée du temple, de peur que vous ne deveniez prévaricateurs. Exhortez-vous à la justice et à la piété. Prenez garde de tomber dans le crime. Craignez le Seigneur. Ses châtiments sont terribles.

7. O croyants ! ne tuez point d'animal à la chasse pendant le pèlerinage de la Mecque. Celui qui violera cette défense sera puni comme s'il avait tué un animal domestique ; deux hommes équitables d'entre vous le jugeront : il sera condamné à envoyer un présent au temple saint, à nourrir des pauvres, ou à subir un jeûne, afin qu'il sente la peine de sa faute. Dieu pardonne le passé ; mais celui qui retombera éprouvera la vengeance céleste. Dieu est terrible dans ses châtiments.

La pêche, avec ses avantages, vous

est permise ; vous pouvez vous en servir pendant le saint voyage ; mais tout le temps qu'il durera, la chasse vous est défendue. Craignez le Seigneur, vous retournerez tous à lui.

8. Dieu a rétabli la Caaba pour être la station des hommes ; il a institué les mois sacrés, les victimes, les ornements, afin que vous sachiez qu'il connaît ce qui est dans les cieux et sur la terre, et que sa science est infinie. Souvenez-vous que la vengeance est dans ses mains, mais qu'il est indulgent et miséricordieux.

Les deux livres.

Malheur à ceux qui pèsent à faux poids !

Qui en achetant exigent une mesure pleine ;

Et qui, quand ils vendent, trompent sur la mesure ou le poids.

Ne songent-ils donc point qu'ils ressusciteront

Dans le grand jour,

Dans ce jour où le genre humain comparaîtra devant le Souverain de l'univers ?

Vous ne pouvez en douter. Le livre des scélérats[1] sera le *Segin*.

Qui te le fera connaître,

Ce livre où les crimes seront tracés ?

Malheur dans ce jour à ceux qui ont blasphémé contre l'Islamisme !

Malheur à ceux qui nient la résurrection !

L'impie et le scélérat rejettent seuls cette vérité,

La religion n'est à leurs yeux qu'une fable, que l'antiquité enfanta :

Tels sont leurs discours. Le crime a endurci leurs cœurs.

[1] C'est le livre où sont écrites les actions des démons et des infidèles. *Gelaleddin.*

Au jour du jugement, Dieu les enveloppera d'un voile,

Et les précipitera dans l'enfer.

Voilà, leur dira-t-il, les tourments que vous traitiez de chimère.

Ces menaces sont véritables. Le livre des justes est *Aliin* [1].

Qui t'en donnera l'intelligence ?

C'est le livre où sont écrites les actions vertueuses.

Les anges les plus près de l'Éternel en sont les témoins.

Les justes seront les hôtes du séjour de délices.

Couchés sur le lit nuptial, ils porteront çà et là leurs regards.

On verra briller sur leur front les rayons de la joie.

Ils boiront d'un vin exquis et scellé.

---

[1] *Aliin* est le livre où sont écrites les actions des anges, des fidèles et des génies. *Gelaleddin.*

Le cachet sera de musc. Que ceux qui desirent ce bonheur s'efforcent de le mériter.

Ce vin sera mêlé avec l'eau de *Tesnim*[1].

Source précieuse, où se désaltèreront ceux qui seront le plus près de l'Éternel.

Les scélérats insultent aux croyants par leurs plaisanteries.

S'ils passent près d'eux, ils les regardent d'un œil méprisant.

De retour dans leurs maisons, ils s'en moquent insolemment.

A leur aspect, ils disent : Voilà ceux qui sont dans l'erreur.

Ils ne sont point chargés du soin de les conduire.

Au jour du jugement, les fidèles riront des méchants.

Ils les verront du sein des plaisirs.

Les infidèles ont-ils été récompensés suivant leurs œuvres ?

[1] *Tesnim* est le nom d'une fontaine du Paradis.

Le Paradis.

1. Tous les hommes subiront la mort. Chacun recevra le prix de ses œuvres au jour de la résurrection. Celui qui aura évité le feu et qui entrera dans le Paradis, goûtera la vraie félicité. La vie humaine n'est qu'une jouissance trompeuse.

2. Dieu appelle les humains au séjour de la paix, et conduit ceux qu'il veut dans les voies du salut. Une récompense magnifique sera le partage des bienfaisants. La noirceur et la honte ne voileront point leur front; ils habiteront éternellement le séjour de délices.

3. Ceux qui, après avoir marché dans le sentier du vice et de l'erreur, se rappellent le souvenir du Seigneur, implorent le pardon de leurs crimes (quel autre que Dieu a le droit de pardonner?), et abandonnent l'iniquité après l'avoir connue, éprouveront la clémence du

Seigneur, et habiteront éternellement des jardins arrosés par des fleuves. Telle sera la récompense de ceux qui travaillent.

4. Efforcez-vous de mériter l'indulgence du Seigneur et la possession du Paradis dont l'étendue égale les cieux et la terre, séjour préparé aux justes ; à ceux qui font l'aumône dans la prospérité et dans l'adversité, et qui, maîtres des mouvements de leur colère, savent pardonner à leurs semblables. Dieu aime la bienfaisance.

5. Ceux qui, dociles aux commandements du Seigneur, n'enfreignent point son alliance, qui craignent Dieu, et le compte qu'ils auront à rendre ; ceux que l'espoir de voir Dieu rend constants dans l'adversité, qui font la prière, qui donnent, en secret ou en public, une portion des biens que nous leur avons dispensés ; et qui effacent leurs fautes par de bonnes œuvres, seront les hôtes du

Paradis. Ils seront introduits dans les jardins d'*Éden*. Leurs pères, leurs épouses et leurs enfants qui auront été justes, jouiront du même avantage. Là, ils recevront la visite des anges qui entreront par toutes les portes. La paix soit avec vous, leur diront-ils. Vous avez été patients. Jouissez du bonheur qu'a mérité votre persévérance.

6. Les croyants qui auront exercé la bienfaisance habiteront le Paradis, séjour d'éternelles délices. Je bannirai l'envie de leurs cœurs. Les ruisseaux couleront sous leurs pas. Ils s'écrieront : Louange à l'Éternel qui nous a introduits dans ce séjour ! Si sa lumière ne nous eût éclairés, nous n'aurions pas trouvé la route qui y conduit. Les promesses des prophètes se sont vérifiées. Une voix fera entendre ces paroles : Voilà le Paradis dont vos œuvres vous ont acquis l'héritage. Les bienheureux diront aux habitants du feu : Nous avons éprouvé

la vérité des promesses du Seigneur; avez-vous fait la même épreuve? On leur répondra : Nous l'avons faite. Un héraut prononcera, du milieu d'eux, ces mots : Malédiction de Dieu sur les impies! Ils ont écarté leurs semblables de sa loi; ils se sont efforcés d'en corrompre la pureté. Ils ont nié la vie future.

7. L'homme pieux a fait le sacrifice de ses biens pour se rendre plus pur;

Jamais il ne laissa un bienfait sans récompense;

Plaire à Dieu était son unique désir.

La possession du Paradis sera son bonheur.

8. Hommes ou femmes, ceux qui pratiqueront les bonnes œuvres, et qui seront en même temps croyants, entreront dans le Paradis et ne seront fraudés de la moindre part de leur récompense.

Barrière entre le Paradis et l'Enfer.

Une barrière s'élèvera entre les élus et les réprouvés. Sur *Elaraf* [1] seront des hommes qui se connaîtront les uns et les autres à des signes certains. Ils diront aux hôtes du Paradis : La paix soit avec vous! et malgré l'ardeur de leurs desirs, ils ne pourront y entrer. Lorsqu'ils tourneront leurs regards vers les victimes du feu, ils s'écrieront : Seigneur, ne nous précipite pas avec les pervers. Ils crieront aux réprouvés qu'ils reconnaîtront au sceau de réprobation gravé sur leurs fronts : A quoi vous ont servi vos richesses et votre orgueil?

L'Enfer.

1. Qui pourrait te décrire l'Enfer, cet abîme épouvantable,

Ce gouffre dont la vengeance divine a allumé les flammes?

---

[1] Voyez tome 1, page 133.

Elles s'élanceront sur les cœurs ;

Et du milieu de cette fournaise ardente,

Elles s'élèveront en hautes pyramides.

Qui te donnera une idée de ce gouffre ? Il ne laisse rien échapper ; il ne rend point sa proie. Il dévore les chairs des réprouvés.

Dix-neuf anges en ont la garde. Nous ne l'avons confiée qu'aux esprits célestes. Nous les avons fixés à ce nombre pour égarer les idolâtres, pour affermir les Juifs dans la vraie croyance, et augmenter la foi des fidèles.

Il a sept portes. Les infidèles auront leur place marquée auprès de chaque porte.

2. Dieu séparera les bons d'avec les méchants. Il rassemblera les scélérats, et les livrera aux tourments du feu. Leur perte sera consommée.

Victimes des flammes, ils y sont plongés le soir et le matin ; et quand le

temps arrêtera son cours, on leur dira :
Entrez dans le séjour des plus affreux
tourments. Là on entendra les plaintes
des infidèles : nous vous avons suivis,
dira le vulgaire à ses chefs orgueilleux ;
nous délivrerez-vous maintenant du feu
qui nous dévore? Nous y sommes plongés comme vous, répondront leurs docteurs; la sentence de notre condamnation est prononcée. Portez nos cris au
Seigneur, diront-ils aux gardiens de
l'enfer : priez-le qu'il suspende un seul
jour nos souffrances.

Ne vous est-il pas venu des apôtres?
N'avez-vous pas entendu leurs prédications? Nous les avons entendues. Hé
bien! élevez vous-mêmes vos vœux vers
le ciel ; mais la prière des pervers se
perd dans les ténèbres.

3. Notre protection puissante veillera
sur les messagers de la foi et des
croyants, dans ce monde, et au jour
du témoignage. Dans ce jour, l'excuse

des coupables sera vaine ; la malédiction les environnera, et l'enfer sera leur partage.

Ceux qui refusent de croire en Dieu, seront précipités dans les brasiers, séjour du malheur. Ils entendront les cris du désespoir. Le feu n'en aura que plus d'activité.

Sa fureur le détruirait, s'il pouvait être détruit. Les gardiens de l'enfer demanderont aux troupes de réprouvés qui y descendront : Aucun prophète ne vous a-t-il prêché la foi? Ils nous l'ont prêchée, répondront-ils ; mais nous les avons traités d'imposteurs ; nous avons prétendu que Dieu ne leur avait rien révélé, et qu'ils étaient les apôtres du mensonge. Hélas! si nous les avions écoutés, si nos cœurs avaient reçu leur doctrine, nous ne serions pas au nombre des réprouvés.

Ils feront l'aveu de leurs crimes ; mais l'arrêt de leur condamnation est irrévorable. Ceux qui nourriront dans le secret la crainte du Seigneur obtiendront sa miséricorde, et recevront une récompense magnifique.

4. Dieu connaît vos discours secrets et publics; il lit au fond des cœurs. Ses créatures auraient-elles pour lui des mystères ? Il est pénétrant et instruit.

5. Vois ceux qui combattent la doctrine divine : dans quelles erreurs ils se plongent! Ceux qui nient le Korân et la mission des apôtres, verront. Le cou chargé de chaînes, ils seront traînés dans les brasiers de l'enfer. On leur demandera : Où sont les divinités que vous égaliez au Très Haut ? Elles ont disparu, diront-ils. Ils nieront le culte qu'ils leur auront rendu. C'est ainsi que Dieu égare les idolâtres. Votre réprobation, continuera-t-on, est le fruit de vos joies folles et de vos plaisirs coupables. Descendez dans l'Enfer, séjour déplorable des superbes.

La Résurrection.

1. Dieu a créé l'homme. Il le ressuscitera, et le fera paraître devant son tribunal. Le jour où le temps s'arrêtera, les méchants désespérés garderont le silence. Ils ne seront point secourus par leurs divinités, et ils les méconnaîtront. Le jour où le temps s'arrêtera, sera l'instant de la séparation. Les croyants qui ont exercé la bienfaisance habiteront des prairies couvertes de fleurs. Les infidèles qui auront nié l'Islamisme et la résurrection, seront destinés aux tourments.

2. Mortels, craignez le Seigneur, parceque le tremblement de terre du grand jour sera épouvantable.

Dans ce jour la mère abandonnera son fils à la mamelle, la femme enceinte enfantera, les hommes frappés par le bras terrible de Dieu seront comme dans l'ivresse.

La plupart des hommes disputent de Dieu, sans être guidés par la lumière. Ils suivent Satan rebelle.

Il est écrit qu'il égarera et entraînera dans l'Enfer, quiconque l'aura pris pour patron.

Mortels, si vous doutez de la résurrection, considérez les degrés par où nous vous avons fait passer. Nous vous avons formés de terre, ensuite de sperme, puis de sang congelé qui s'est changé en fœtus à moitié informe. Nous avons marqué le temps que vous deviez rester dans le sein de vos mères. Nous vous en retirons enfants. Vous parvenez à l'âge viril. Beaucoup meurent avant de l'avoir atteint. Quelques-uns arrivent à la décrépitude, et oublient tout ce qu'ils avaient appris. Considère la terre que la sécheresse a rendue stérile. Nous y versons la pluie. Son sein s'émeut, et elle produit toutes les plantes qui composent sa richesse et sa parure.

Ces merveilles s'opèrent, parceque Dieu est la vérité; parcequ'il donne la vie aux morts, et que sa puissance embrasse l'univers.

L'heure viendra; on ne peut en douter. Dieu ranimera les cendres qui sont dans les tombeaux.

3. La plupart disputent de Dieu, sans être éclairés du flambeau de la science, et sans l'autorité d'aucun livre fameux.

Ils détournent orgueilleusement la tête, pour écarter leurs semblables de la vraie voie. Ils seront couverts d'ignominie dans ce monde, et nous leur ferons éprouver, au jour de la résurrection, le tourment du feu.

Tel sera le prix de leurs crimes. Dieu ne trompe point ses serviteurs.

Il en est qui, peu fermes dans la foi, s'y attachent dans la prospérité, et l'abandonnent au moindre souffle de la tentation. Ils perdent ainsi les biens du monde et ceux de la vie future. Malheur irréparable !

Ils adorent des divinités qui ne peuvent les assister, ni leur nuire. Aveuglement déplorable !

Ils invoquent des dieux qui leur seront funestes plutôt que favorables. Malheur au patron ! Malheur à l'adorateur !

Dieu introduira les croyants vertueux dans des jardins arrosés par des fleuves. Il fait ce qu'il lui plaît.

4. Au jour de la résurrection il jugera les croyants, les Juifs, les Sabéens, les Chrétiens, les mages et les idolâtres, parcequ'il est témoin de toutes choses.

5. Ne vois-tu pas que tout ce qui est dans les cieux et sur la terre adore le Seigneur; que le soleil, la lune, les étoiles, les arbres, les animaux et les hommes l'adorent? Mais beaucoup d'entre les mortels sont destinés aux supplices.

Celui que Dieu méprisera sera couvert de honte. Il fait ce qu'il lui plaît.

6. Les croyants et les incrédules disputent de Dieu ; mais les incrédules auront des habits de feu, et l'on versera sur leur tête l'eau bouillante.

Elle dévorera leur peau et leurs entrailles. Ils seront frappés avec des bâtons armés de fer.

Toutes les fois que la douleur les fera s'élancer des flammes, ils y seront replongés, et on leur dira : Goûtez la peine du feu.

7. Dieu introduira les croyants qui auront exercé la bienfaisance, dans des jardins où coulent des fleuves. Ils seront ornés de bracelets d'or enrichis de perles, et vêtus d'habits de soie ;

Parcequ'ils ont fait leur profession de foi, et qu'ils ont marché dans le chemin du salut.

8. Lorsque le son de la trompette retentira, tout ce qui est dans les cieux

et sur la terre sera saisi d'effroi, excepté les élus du Seigneur. Tous les hommes paraîtront devant lui, humblement prosternés. Vous verrez les montagnes semblables à l'eau congelée, disparaître comme un nuage à la voix de Dieu, qui a sagement disposé toutes choses, et qui connaît les actions des mortels.

Ceux qui se présenteront avec de bonnes œuvres, recevront un prix glorieux, et seront exempts des frayeurs du grand jour. Ceux qui n'apporteront que des crimes seront précipités dans le feu, le visage prosterné. Seriez-vous traités autrement que vous aurez agi?

9. Le jour où la trompette sonnera, les scélérats seront rassemblés, et leurs yeux seront couverts de ténèbres. Ils se diront à basse voix : Nous ne sommes restés sur la terre que dix jours.

Vous n'y êtes restés qu'un jour, reprendront leurs chefs. Nous connaîtrons leurs discours. Ils te demanderont ce que deviendront les montagnes. Dis-leur: Dieu les dissipera comme la poussière. Aux lieux où elles étaient, s'étendront de vastes plaines, où l'on ne verra ni pente, ni éminence.

Les hommes suivront l'ange qui les appellera. Ils ne pourront s'en défendre. Leur voix sera humble et faible devant le miséricordieux. On n'entendra que le bruit obscur de leurs pieds. L'intercession ne sera utile qu'à ceux à qui Dieu accordera cette faveur, et qui auront prononcé la profession de foi qu'il aime[1].

10. Lorsque la terre couvrira nos cendres, disent les incrédules, serons-nous ranimés de nouveau ? Ils nient le jugement universel. Réponds-leur : L'ange de la mort, qui veille sur vos démarches,

[1] Cette profession de foi est *La ila ellá allah ou Mohammed raçoul, Il n'y a de Dieu que Dieu et Mahomet est son prophète.*

RELIGION. 155

tranchera le fil de vos jours, et vous reparaîtrez devant Dieu.

Quel spectacle, lorsque les méchants, prosternés devant l'Eternel, s'écrieront : Seigneur, nous avons vu et entendu ; laisse-nous retourner sur la terre pour faire le bien ; nous croyons fermement !

Nous pouvions éclairer tous les hommes ; mais il faut que cet arrêt de Dieu s'accomplisse : *Je remplirai l'Enfer de démons et d'hommes rassemblés.*

Expiez au milieu des tourments l'oubli de ce jour. Je vous oublie. Des peines éternelles vont être le fruit de vos forfaits.

11. Lorsque le jour du jugement sera venu, personne ne pourra en nier la réalité. Il abaissera les uns et élèvera les autres.

Lorsque la terre aura été ébranlée par un violent tremblement, que les montagnes réduites en poudre seront devenues le jouet des vents, le genre humain sera divisé en trois parts.

Les uns occuperont la droite : quelle sera leur félicité !

Les autres la gauche : quelle sera leur infortune !

Les élus précéderont ces deux ordres. Ils seront les plus près de l'Éternel. Ils habiteront le jardin de délices. Un grand nombre des anciens, et quelques modernes, seront ces hôtes heureux. Ils reposeront sur des lits enrichis d'or et de pierres précieuses. Ils se regarderont avec bienveillance. Ils seront servis par des enfants doués d'une jeunesse éternelle, qui leur présenteront du vin exquis [1] dans des coupes de différentes formes. Sa vapeur ne leur montera point à la tête, et n'obscurcira point leur raison. Ils auront à souhait les fruits

[1] Ce vin délicieux sera puisé dans une fontaine qui coulera perpétuellement. *Gelaleddin.*

qu'ils desireront, et la chair des oiseaux les plus rares.

Près d'eux seront les houris aux beaux yeux noirs. La blancheur de leur teint égale l'éclat des perles. Leurs faveurs seront le prix de la vertu. Les discours frivoles seront bannis de ce séjour. Le cœur n'y sera point porté au mal. On n'y entendra que le doux nom de paix.

Ceux qui occuperont la droite, quelle sera leur félicité! Ils se promèneront parmi les *nabc* [1] qui n'ont point d'épines, et au milieu des bananiers disposés dans un ordre agréable. Ils jouiront de leur épais feuillage au bord des eaux jaillissantes. Là, une multitude de fruits divers s'offrent à la main qui veut les cueillir. Ils reposeront sur des lits élevés. Nous avons rajeuni leurs épouses. Elles seront vierges [2]; elles les aimeront,

[1] Ces nabc conserveront une verdure éternelle, et donneront un ombrage agréable. *Jahia.*

[2] Elles seront vierges. *Gelaleddin* et *Zamchascar*

et jouiront de la même jeunesse qu'eux. La classe de ceux qui occuperont la droite sera formée d'une multitude d'anciens et d'une multitude de modernes.

Quel sera le sort de ceux qui seront relégués à la gauche? Au milieu d'un vent brûlant et de l'eau bouillante, ils seront enveloppés des tourbillons d'une fumée épaisse. Elle ne leur apportera ni fraîcheur ni contentement. Abandonnés sur la terre à l'ivresse des plaisirs, ils se sont plongés dans les plus noirs forfaits; et ils ont dit : Victimes de la mort, lorsqu'il ne restera de notre être que des os et de la poussière, serons-nous ranimés de nouveau? Nos pères ressusciteront-ils?

Réponds-leur : Les premiers hommes et leur postérité ressusciteront. Ils seront rassemblés au terme précis du grand jour. Et vous, qui avez vécu dans l'er-

ajoutent que le commerce des hommes ne leur fera point perdre cet avantage.

reur, et qui avez nié la religion sainte, vous vous nourrirez du fruit de l'arbre *zacoum*, vous en remplirez vos ventres. Vous avalerez ensuite de l'eau bouillante, et vous la boirez avec l'avidité d'un chameau altéré.

Tel sera leur sort au jour du jugement.

Nous vous avons tirés du néant, serez-vous incrédules? Que vous en semble? lorsque l'homme s'approche de la femme, est-ce lui ou Dieu qui donne l'être à une nouvelle créature?

Nous avons prononcé l'arrêt de mort contre le genre humain, il ne pourra s'y soustraire. Nous pouvons mettre à votre place d'autres hommes, et vous faire passer sous des formes qui vous sont inconnues. Vous connaissez la première création; n'ouvrirez-vous point les yeux?

12. Les incrédules ont dit : L'heure ne viendra point. Réponds-leur : J'en

atteste l'Éternel, celui qui connaît les secrets viendra vous demander compte. L'atome n'échappera point à sa pénétration. Les moindres choses comme les plus grandes sont écrites dans le livre de l'évidence. Les croyants qui auront fait le bien, chéris du ciel, jouiront de ses faveurs les plus éclatantes. L'impie qui se sera efforcé d'abolir le culte du Seigneur sera la proie des plus cruels supplices. Ceux que la science éclaire savent que le livre qui t'a été envoyé du ciel est la vérité, qu'il conduit dans les voies du Dieu dominateur et comblé de louanges.

Vous montrerai-je un homme, dit l'incrédule en se jouant, qui assure que nos corps réduits en poussière seront ranimés de nouveau ? Ou il prête à Dieu un mensonge, ou il est insensé.

Mais ceux qui nient la vie future sont dans l'égarement. Les tourments seront leur partage. Ont-ils levé leurs regards vers le firmament? Les ont-ils abaissés sur la terre? Qui peut nous empêcher d'ouvrir un abîme sous leurs pas, ou de faire tomber sur leurs têtes une partie du ciel? Ce serait un prodige terrible pour celui qui s'est converti.

13. Les infidèles, au milieu des brasiers de l'enfer, ne pourront trouver la mort. Jamais la rigueur de leurs tourments ne s'adoucira. C'est ainsi que l'impie sera récompensé. Ils élèveront vers le ciel leurs cris plaintifs : Seigneur, retire-nous des flammes ! nous ferons le bien que nous avons omis. N'avons-nous pas prolongé vos jours, leur répondra-t-on, afin que celui qui devait suivre la lumière ouvrît les yeux? N'avez-vous pas reçu un apôtre ? Subissez votre sort. Il n'y a point de secours pour les infidèles.

14. Le jour où les hommes sortiront du tombeau, ils ne pourront se cacher aux regards de l'Éternel. Quel est le

juge suprême du grand jour ? C'est le Dieu unique et victorieux. Dans ce jour, chacun recevra le prix de ses œuvres. Personne ne sera trompé. Dieu est exact dans ses comptes. Menace-les de cet instant terrible où les cœurs seront saisis d'effroi.

Les méchants n'auront ni ami ni intercesseur qui prenne leur défense. Dieu connaît et la fraude des yeux, et les secrets des cœurs. L'équité prononcera l'arrêt. Leurs idoles ne jugent rien ; mais Dieu voit et entend.

N'ont-ils pas parcouru la terre? N'ont-ils pas vu quel a été le sort des nations anciennes?

Elles étaient plus puissantes qu'ils ne sont. Des monuments attestent leur grandeur. Le glaive de la justice divine les a exterminées au milieu de leurs forfaits, et rien n'a pu les soustraire à sa vengeance. Elles furent rebelles à la voix des prophètes. Le Seigneur les fit disparaître, parcequ'il est fort et terrible dans ses châtiments.

Si nous laissons les hommes jouir de la vie jusqu'au terme marqué, c'est un effet de notre miséricorde.

15. On leur dit : Craignez celui qui était avant vous et qui sera après, si vous voulez obtenir le pardon de vos offenses ;

Mais le récit des merveilles du Seigneur ne fait qu'accroître leur aversion pour la foi.

Lorsqu'on leur recommande le précepte de l'aumône, ils répondent : Nourrirons-nous ceux que Dieu peut combler de biens ? Assurément vous êtes dans l'erreur.

Quand viendra, ajoutent-ils, l'accomplissement de vos promesses ? Parlez si la vérité vous éclaire.

Tandis qu'ils disputent, le cri de l'ange peut se faire entendre tout à coup, et ils disparaîtront de la face de la terre.

Ils n'auront pas le temps de faire un testament, et ils ne seront point rendus à leurs familles.

La trompette sonnera une seconde fois, et ils se hâteront de sortir de leurs tombeaux pour paraître devant Dieu.

Malheur à nous! s'écrieront-ils. Quelle voix nous a fait quitter le repos où nous étions? Voilà l'accomplissement des promesses du miséricordieux. Ses ministres nous annonçaient la vérité.

Un seul son de la trompette aura rassemblé le genre humain devant notre tribunal.

Dans ce jour, personne ne sera trompé. Chacun recevra le prix de ses œuvres.

Dans ce jour, les hôtes du Paradis boiront à longs traits dans la coupe du bonheur.

Couchés sur des lits de soie, ils reposeront près de leurs épouses, sous des ombrages délicieux.

RELIGION.

Ils y trouveront tous les fruits. Tous leurs desirs seront comblés.

La paix habite avec vous, leur dira le miséricordieux.

Séparez-vous, dira-t-on aux impies.

Enfants d'Adam, ne vous avais-je pas dit : N'adorez point Satan, il est votre ennemi déclaré;

Adorez-moi, c'est le chemin du salut !

Il a séduit la plus grande partie des hommes. N'aviez-vous donc pas d'intelligence ?

Voilà l'enfer dont on vous avait menacés.

Allez expier dans les flammes votre infidélité.

Dans ce jour, je poserai mon sceau sur leur bouche. Leurs mains seules parleront, et leurs pieds rendront témoignage de leurs œuvres.

Nous pouvons leur ravir la vue, et ils erreraient çà et là au milieu des ténèbres.

16. L'homme propose des arguments, et, oubliant sa création, il s'écrie : Qui pourra ranimer des os réduits en poussière ?

Réponds : Celui qui les a créés la première fois les ranimera. Il connaît toute la création.

C'est lui qui a mis du feu dans l'arbre vert, comme l'attestent les étincelles que vous en faites jaillir.

L'architecte des cieux et de la terre ne pourrait-il former des hommes semblables à vous ? Il le peut. Il est le créateur éclairé.

Telle est sa puissance qu'à sa voix les êtres sortent du néant.

Louange à celui qui tient dans ses mains les rênes de l'univers ! Tous les mortels reparaîtront devant lui.

17. Jour des calamités ! jour épouvantable [1] !

Qui pourrait t'en faire la peinture ?

[1] Le jour des calamités, c'est le jour du jugement.

Dans ce jour, les hommes seront comme des sauterelles éparses.

Les montagnes ressembleront à des amas de laine diversement colorée.

Celui dont les œuvres seront de poids jouira de la félicité.

Celui dont les œuvres seront légères sera précipité dans l'abîme.

Qui te donnera une idée de l'abîme ?

C'est le feu le plus dévorant.

TROISIÈME PARTIE.
LOIS CIVILES.

Du Mariage.

1. N'épousez que deux, trois ou quatre femmes. Choisissez celles qui vous auront plu. Si vous ne pouvez les maintenir avec équité, n'en prenez qu'une, ou bornez-vous à vos esclaves. Cette conduite sage vous facilitera les moyens d'être justes, et de doter vos femmes. Donnez-leur la dot dont vous serez convenus. Si la générosité les portait à vous la remettre, employez-la à vous procurer les commodités de la vie.

2. N'épousez point les idolâtres jusqu'à ce qu'elles aient la foi. Une esclave fidèle vaut mieux qu'une femme libre infidèle, quand même celle-ci vous plairait davantage. Ne donnez point vos filles

aux idolâtres, jusqu'à ce qu'ils aient embrassé votre croyance. Un esclave fidèle vaut mieux qu'un incrédule, quand même celui-ci serait plus aimable.

3. N'épousez pas les femmes qui ont été les épouses de vos pères. C'est un crime, c'est le chemin de la perdition; mais si le mal est fait, gardez-les.

4. Il ne vous est pas permis d'épouser vos mères, vos filles, vos sœurs, vos tantes, vos nièces, vos nourrices, vos sœurs de lait, vos grand'mères, les filles de vos femmes dont vous avez la garde, à moins que vous n'ayez pas habité avec leurs mères. Vous n'épouserez point vos belles-filles, ni deux sœurs. Si le crime est commis, le Seigneur est indulgent et miséricordieux.

5. Il vous est défendu d'épouser des femmes mariées libres, à moins que le sort des armes ne les ait fait tomber entre vos mains. Telles sont les lois du Seigneur. Tout le reste vous est permis.

Employez vos richesses à vous procurer des épouses chastes et vertueuses. Evitez la débauche. Donnez à celles dont vous avez joui la dot promise, suivant la loi. Cet engagement accompli, tous les accords que vous ferez ensemble seront licites. Dieu est savant et sage.

6. Celui qui ne sera pas assez riche pour se marier à des femmes fidèles libres, prendra pour épouses des esclaves fidèles. Dieu voit votre foi. Parmi vous, les uns sont dans la dépendance des autres. N'épousez les esclaves qu'avec la permission de leurs maîtres. Dotez-les avec équité. Qu'elles soient chastes, qu'elles craignent l'impureté, et qu'elles n'aient point d'amants.

Si après le mariage elles se livrent à la débauche, qu'on leur inflige la moitié de la peine prononcée contre les femmes libres. Cette loi est établie en faveur de celui qui craint l'adultère. Vous ferez bien d'éviter ces mariages; mais le Seigneur est indulgent et miséricordieux.

7. Un homme débauché ne pourra épouser qu'une femme de son espèce, ou une idolâtre. Une fille débauchée ne se mariera qu'à un impudique ou à un idolâtre. Ces alliances sont interdites aux fidèles.

8. Les femmes que vous laisserez en mourant, attendront quatre mois et dix jours. Ce terme expiré, vous ne serez point responsables de ce qu'elles feront légitimement. Dieu voit vos œuvres.

9. Le desir d'épouser une femme, soit que vous le fassiez paraître, soit que vous le recéliez dans vos cœurs, ne vous rendra point coupables devant Dieu. Il sait que vous ne pouvez vous empêcher de songer aux femmes; mais ne leur promettez pas en secret, à moins que l'honnêteté de vos discours ne voile votre amour.

10. Ne serrez les liens du mariage que quand le temps prescrit sera ac-

compli. Sachez que Dieu connaît le fond de vos cœurs. Craignez-le, et n'oubliez pas qu'il est clément et miséricordieux.

11. Les hommes sont supérieurs aux femmes, parceque Dieu leur a donné la prééminence sur elles, et qu'ils les dotent de leurs biens. Les femmes doivent être obéissantes et taire les secrets de leurs époux, puisque le ciel les a confiées à leur garde. Les maris qui ont à souffrir de leur désobéissance, peuvent les punir, les laisser seules dans leur lit, et même les frapper. La soumission des femmes doit les mettre à l'abri des mauvais traitements. Dieu est grand et sublime.

Si vous craignez la dissension entre le mari et la femme, appelez un juge de chaque côté, et s'ils consentent à vivre en bonne intelligence, Dieu fera régner la paix au milieu d'eux, parceque rien n'échappe à sa connaissance.

12. Ils t'interrogeront sur les règles

des femmes : Dis-leur : C'est une tache naturelle. Séparez-vous de vos épouses pendant ce temps, et ne vous en approchez que quand elles seront purifiées. Lorsqu'elles seront lavées de cette tache, venez à elles comme vous l'ordonne Dieu. Il aime ceux qui font pénitence et qui sont purs. Vos femmes sont votre champ. Cultivez-le toutes les fois qu'il vous plaira. Prémunissez vos cœurs. Craignez le Seigneur, et songez que vous retournerez à lui. Annonce aux croyants le bonheur qui les attend.

13. Ceux qui jurent de ne plus vivre avec leurs femmes, et qui se repentent de leur serment, ne pourront avoir commerce avec elles avant d'avoir donné la liberté à un captif. C'est un précepte de Dieu. Il connaît toutes vos actions.

Celui qui ne trouvera point de captif à racheter, jeûnera deux mois de suite, avant de s'approcher de sa femme ; et s'il ne peut supporter ce jeûne, il nourrira soixante pauvres. Croyez en Dieu et à son envoyé. Il vous explique ses commandements. Leur infraction attirera sur vous la vengeance céleste.

Ceux qui jureront de n'avoir point de commerce avec leurs femmes auront un délai de quatre mois. Si, pendant ce temps, ils reviennent à elles, le Seigneur est indulgent et miséricordieux. Si le divorce est fermement résolu, Dieu sait et entend tout.

14. Vous ne pourrez, malgré vos efforts, avoir un amour égal pour vos femmes ; mais vous ne ferez pencher la balance d'aucun côté, et vous les laisserez en suspens. Soyez justes, craignez le Seigneur, et vous éprouverez les effets de sa clémence.

15. Que ceux que l'indigence éloigne du mariage vivent dans la continence, jusqu'à ce que le ciel leur ait donné des richesses. Accordez à vos esclaves fidèles l'écrit qui assure leur liberté, lorsqu'ils

vous le demanderont. Donnez-leur une partie de vos biens. Ne forcez point vos femmes esclaves à se prostituer pour un vil salaire, si elles veulent vivre dans la chasteté. Si vous les y contraignez, Dieu leur pardonnera à cause de la violence que vous leur aurez faite.

16. Vous pouvez épouser les filles libres des fidèles et des Juifs, pourvu que vous les dotiez; mais il vous est défendu de vivre avec elles dans la débauche, et de les avoir comme courtisanes. Celui qui trahira sa foi perdra le fruit de ses bonnes œuvres, et sera dans l'autre monde au nombre des réprouvés

17. O prophète ! prescris à tes épouses, à tes filles et aux femmes des croyants, d'abaisser un voile sur leur visage. Il sera la marque de leur vertu, et un frein contre les discours du public. Dieu est indulgent et miséricordieux.

Vos épouses peuvent se découvrir devant leurs pères, leurs enfants, leurs neveux, leurs femmes, leurs esclaves. Craignez le Seigneur ; il est témoin de toutes vos actions.

18. Les femmes âgées, incapables de mariage, pourront quitter leurs voiles, pourvu qu'elles n'affectent pas de se montrer. Elles feront mieux de ne point user de cette permission. Dieu sait et entend tout.

19. Commande aux fidèles de contenir la licence de leurs regards et d'être chastes. Ils en seront plus purs. Dieu est le témoin des actions. Ordonne aux femmes de baisser les yeux, de conserver leur pureté, et de ne montrer de leur corps que ce qui doit paraître. Qu'elles aient le sein couvert. Qu'elles ne laissent voir leur visage qu'à leurs maris, leurs pères, leurs grands-pères, leurs enfants, aux enfants de leurs maris, à leurs frères, leurs neveux, leurs femmes, leurs esclaves, leurs serviteurs (excepté ceux qui ne sont pas d'une

absolue nécessité), et aux enfants qui ne savent pas ce qu'on doit couvrir. Qu'elles n'agitent point les pieds de manière à laisser apercevoir des charmes qui doivent être voilés. O fidèles ! Tournez vos cœurs vers le Seigneur, afin que vous soyez heureux. Epousez des filles fidèles. Mariez les plus sages de vos serviteurs et de vos esclaves. S'ils sont pauvres, Dieu les enrichira. Il est libéral et savant.

20. Purifiez-vous après vous être approchés de vos épouses. Lorsque vous serez malades ou en voyage, et que vous aurez satisfait vos besoins naturels ou en commerce avec des femmes, frottez-vous le visage et les mains avec de la poussière si vous manquez d'eau. Dieu ne veut pas que vous trouviez son joug pesant. Il veut vous rendre purs, et accomplir sur vous ses graces, afin que vous en soyez reconnaissants.

La Répudiation.

1. Si la dureté et l'aversion du mari faisaient craindre à la femme d'être répudiée, elle doit s'efforcer de le ramener à la douceur. La réconciliation mutuelle est le parti le plus sage.

2. Ne répudiez vos femmes qu'au terme marqué[1]. Comptez les jours exactement. Avant ce temps, vous ne pouvez ni les chasser de vos maisons, ni les en laisser sortir, à moins qu'elles n'aient commis un adultère prouvé. Tels sont les préceptes du Seigneur. Celui qui les transgresse perd son ame. Vous ne savez

---

[1] Lorsqu'un Mahométan a juré qu'il répudie son épouse, il cesse d'avoir commerce avec elle. A la nouvelle du serment, elle se couvre d'un voile, se retire dans son appartement, et ne se laisse plus voir à son mari. Lorsque les quatre mois fixés pour la réconciliation sont expirés, tous les liens sont rompus ; la femme recouvre sa liberté, et reçoit en sortant la dot fixée dans le contrat de mariage. Les filles suivent la mère, et les fils restent avec le père.

pas quels sont les desseins de Dieu sur l'avenir.

Lorsque le terme est accompli, vous pouvez les retenir avec humanité, ou les renvoyer suivant la loi. Appelez des témoins équitables. Qu'ils assistent à vos engagements. Que le ciel soit pris à témoin de leur sainteté ! Dieu prescrit ces préceptes à ceux qui croient en lui et au jour du jugement; il aplanira les obstacles pour ceux qui ont sa crainte, et leur accordera des biens auxquels ils ne s'attendaient pas. Dieu est le prix de celui qui met en lui sa confiance. Sa volonté s'exécute infailliblement. Il a établi pour chaque cause un effet déterminé.

3. Attendez trois mois avant de répudier les femmes qui désespèrent d'avoir leurs mois. Usez-en de même envers celles qui ne les ont point encore eus. Gardez celles qui sont enceintes, jusqu'à ce qu'elles aient mis leur fruit au jour.

Dieu aplanit les difficultés pour ceux qui le craignent.

Tels sont les préceptes qu'il vous a envoyés. Craignez-le ; il effacera vos fautes, et vous accordera une récompense magnifique.

4. Laissez aux femmes que vous devez répudier un asile dans vos maisons. Ne leur faites aucune violence pour les loger à l'étroit. Accordez à celles qui sont enceintes tous les soins convenables. pendant le temps de leur grossesse. Si elles allaitent vos enfants, donnez-leur une récompense réglée entre vous avec équité ; s'il se trouve des obstacles, ayez recours à une nourrice.

Que le riche proportionne ses largesses à son opulence, et le pauvre à ses facultés. Dieu n'oblige personne à faire plus qu'il ne peut. A la pauvreté il fera succéder l'aisance.

5. Les femmes répudiées laisseront écouler trois mois avant de se remarier.

Elles ne pourront cacher qu'elles sont enceintes, si elles croient en Dieu et au jour du jugement. Il est plus équitable alors que le mari les reprenne, s'il desire une sincère réconciliation. Il faut que les femmes se comportent avec la décence convenable, et que les maris aient sur elles la prééminence.

La répudiation n'aura lieu que deux fois. Les maris garderont leurs femmes avec humanité, ou les renverront avec justice. Ils ne peuvent rien retenir de leur dot, à moins que les deux époux ne craignissent de passer les bornes prescrites par le Seigneur. Alors le mari a droit de se racheter de la rigueur de la loi. Tels sont les préceptes divins. Ne les transgressez pas. Ceux qui les violentent sont criminels.

Celui qui répudiera trois fois une femme ne pourra la reprendre qu'après qu'elle aura passé dans la couche d'un autre époux qui l'aura répudiée. Il leur sera permis alors de se réunir, s'ils croient pouvoir observer les Commandements de Dieu. Il les annonce à ceux qui ont la science.

Lorsque vous aurez répudié une femme, et que le temps de la renvoyer sera venu, gardez-la avec humanité, ou la renvoyez avec bienfaisance. Ne la retenez point par force, de peur d'être prévaricateurs. Cette conduite serait injuste. Ne faites pas un jeu des lois divines. Souvenez-vous des grâces dont le ciel vous a comblés. Souvenez-vous qu'il vous a envoyé le livre qui renferme la sagesse. Craignez le Seigneur. Sachez que sa science est infinie.

Lorsque la femme que vous aurez répudiée aura attendu le temps marqué, ne l'empêchez pas de former légitimement un second hymen. Ces préceptes regardent ceux qui croient en Dieu et au jour dernier. Ils sont justes et sages. Dieu sait, et vous ne savez pas.

6. Les mères allaiteront leurs enfants deux ans complets, s'ils veulent teter pendant ce temps. La nourriture et le vêtement de la femme regardent l'époux. Il doit l'entretenir comme il convient, suivant ses facultés. Les parents ne seront pas contraints de faire pour leurs enfants plus qu'ils ne peuvent, ni les tuteurs pour leurs pupilles. Il sera permis à la mère de sevrer son nourrisson, du consentement du mari. Ils peuvent aussi appeler une nourrice, pourvu qu'ils lui payent fidèlement ce qu'ils auront promis. Craignez le Seigneur. Sachez qu'il a l'œil ouvert sur vos actions.

7. Vous ne serez soumis à aucune peine, en répudiant une femme avec qui vous n'aurez point eu commerce, ou à qui vous n'aurez point assigné de dot. Ce que vous donnerez à vos femmes doit répondre à vos facultés. Le riche et le pauvre les doteront différemment.

La justice et la bienfaisance doivent régler leurs dons.

8. Celui qui répudiera une femme dotée, avant d'avoir eu commerce avec elle, lui laissera la moitié de la dot; mais du consentement des deux époux, ou de celui seul du mari, la femme peut recevoir la dot entière, ce qui est plus digne de la piété. N'oubliez pas la bienfaisance entre vous. Le Très Haut est témoin de vos actions.

9. Les dédommagements accordés aux femmes répudiées doivent avoir pour règle la justice et la crainte de Dieu.

De l'Adultère.

1. Si quelqu'une de vos femmes a commis l'adultère, appelez quatre témoins. Si leurs témoignages se réunissent contre elle, enfermez-la dans votre maison jusqu'à ce que la mort termine sa carrière.

Imposez une peine à l'homme et à la

femme libres surpris dans le crime ; et si, touchés de repentir, ils se corrigent, pardonnez-leur. Le Seigneur est indulgent et miséricordieux.

2. Ceux qui accuseront d'adultère une femme vertueuse, sans pouvoir produire quatre témoins, seront punis de quatre-vingts coups de fouet. Déclarés infâmes, ils ne seront plus reçus en témoignage.

Ceux qui, touchés de repentir, retourneront à la vertu, auront lieu d'espérer la miséricorde divine.

3. Les maris qui, sur le seul témoignage, accuseront leurs femmes d'adultère, jureront quatre fois, par le nom de Dieu, qu'ils disent la vérité.

Le cinquième serment sera une imprécation sur eux-mêmes, s'ils sont parjures.

La femme se délivrera du châtiment, en jurant quatre fois, par le nom de Dieu, que le crime dont on l'accuse est faux.

Au cinquième serment, elle invoquera sur elle la vengeance céleste, si elle n'est pas innocente.

Si le Dieu clément et sage ne faisait éclater sa miséricorde pour vous, il punirait à l'instant le parjure.

Ne croyez pas que le crime du menteur retombe sur vous ; il ne vous en reviendra aucun préjudice. Personne ne sera puni que du mal qu'il aura fait. Le scélérat, chargé de forfaits, sera dévoué à l'horreur des supplices.

4. Vous infligerez à l'homme et à la femme adultères cent coups de fouet à chacun. Que la compassion ne vous entrave pas dans l'accomplissement de ce précepte de Dieu, si vous croyez en Dieu et au jour dernier. Que le supplice ait lieu en présence d'un certain nombre de croyants.

5. Dieu propose cet exemple au pervers : La femme de Noé et celle de Loth vivaient sous l'empire de deux hommes

justes et vertueux. Elles les trompèrent. Quel fut le fruit de leur perfidie ? Dieu les réprouva. On leur dit : Entrez dans l'enfer avec les coupables.

Il offre aux croyants l'épouse de Pharaon pour modèle. Seigneur, s'écriait-elle, accorde-moi une demeure dans le paradis; délivre-moi de Pharaon et de ses crimes; sauve-moi des mains des méchants.

Il proposa à leur admiration Marie, fille d'*Amran*, qui conserva sa virginité. Gabriel lui transmit le souffle divin. Elle crut à la parole du Seigneur, aux Écritures, et fut obéissante.

Héritages.

1. Il est écrit, qu'en mourant, vous laisserez vos biens, par testament, à vos enfants et à vos proches, avec l'équité que doivent avoir ceux qui craignent le Seigneur.

Celui qui changera la disposition du

testateur, après l'avoir entendue, sera coupable d'un crime. Dieu voit et entend tout.

Celui qui, craignant une erreur, ou une injustice de la part du testateur, aura réglé les droits des héritiers avec justice, ne sera point coupable. Dieu est clément et miséricordieux.

2. Les hommes et les femmes doivent avoir une portion des richesses que leur ont laissées leurs pères et leurs proches. Cette portion doit être réglée par la loi, soit que l'héritage soit considérable ou de peu de valeur.

3. Lorsque l'on sera rassemblé pour partager l'héritage, que l'on ait soin d'entretenir les parents pauvres et les orphelins et de les consoler par des paroles d'humanité.

4. Que ceux qui craignent de laisser après eux des enfants dans la faiblesse de l'âge, pénétrés de commisération et de la crainte du Seigneur, élèvent leurs

voix en faveur des orphelins, et règlent leur sort avec justice.

5. Ceux qui dévorent injustement l'héritage de l'orphelin, se nourrissent d'un feu qui consumera leurs entrailles.

6. Dieu vous commande, dans le partage de vos biens entre vos enfants, de donner aux mâles une portion double de celle des filles. S'il n'y a que des filles, et qu'elles soient plus de deux, elles auront les deux tiers de la succession. S'il n'y en a qu'une, elle en recevra la moitié. Si le défunt n'a laissé qu'un fils, ses parents prendront un sixième. Si le défunt n'a point laissé d'enfants, et que ses parents soient héritiers, sa mère aura un tiers de la succession, et un sixième seulement s'il a des frères, après que l'on aura acquitté les legs et les dettes du testateur. Vous ne savez qui de vos pères ou de vos enfants vous sont plus utiles. Dieu vous a dicté ces lois. Il est savant et sage.

La moitié des biens d'une femme morte sans postérité appartient au mari, et le quart si elle a des enfants; les legs et les dettes prélevés.

Les femmes auront un quart de la succession des maris morts sans enfants, et un huitième seulement s'ils en ont laissé; les legs et les dettes prélevés.

Si l'héritier constitué d'un parent éloigné a un frère ou une sœur, il leur doit un sixième de la succession. Ils recevront un tiers s'ils sont plusieurs, après l'accomplissement légitime des legs et des dettes.

Gardez-vous de violer ces préceptes. Ils sont émanés du Dieu savant et miséricordieux.

Celui qui les observera, sera introduit dans des jardins où coulent des fleuves, séjour de délices, où il goûtera une éternelle félicité.

7. La sœur d'un homme mort sans enfants, aura la moitié de son héritage.

Le frère héritera de sa sœur morte sans enfants. Si le défunt a deux sœurs, elles partageront les deux tiers de la succession. S'il a laissé des frères et des sœurs, les mâles auront le double de ce qu'on donnera aux filles. Le Seigneur vous annonce ainsi ses lois de peur que vous ne vous égariez. Sa science est infinie.

8. O croyants! il ne vous est pas permis d'hériter de vos femmes contre leur volonté, ni de les empêcher de se marier (quand vous les avez répudiées), afin de leur ravir une partie de ce que vous leur avez donné, à moins qu'elles ne soient coupables d'un crime manifeste. Attachez-les par des bienfaits. Si vous les traitez avec rigueur, peut-être haïrez-vous celles que Dieu avait formées pour vous rendre heureux.

9. Ceux qui laisseront des épouses en mourant leur assigneront un legs, comme l'entretien pendant une année, et un asile dans leur maison. Si elles sortent

d'elles-mêmes, les héritiers ne seront point responsables de ce qu'elles feront avec décence. Dieu est puissant et sage.

10. O croyants! lorsqu'au lit de la mort vous ferez votre testament, appelez pour témoins deux hommes équitables d'entre vous. Si quelque accident mortel vous surprenait en voyage, vous pouvez vous servir d'étrangers. Vous les tiendrez sous votre garde, et, après avoir fait la prière, si vous doutez de leur foi, vous leur ferez prêter ce serment devant Dieu : Nous ne recevrons point d'argent pour témoigner, pas même d'un parent; nous ne cacherons point notre témoignage, car nous serions criminels.

S'il était évident que les deux témoins eussent prévariqué, on en choisirait deux autres parmi les parents du testateur. Ils jureront à la face du ciel que leur témoignage est véritable, et que s'ils sont parjures, ils seront au nombre des réprouvés.

Ils préferont témoignage en présence des premiers témoins, afin qu'ils puissent craindre d'être contredits. Craignez le Seigneur, écoutez sa voix; il ne dirige point les pervers.

Des Orphelins.

1. Donnez aux orphelins ce qui leur appartient. Ne rendez pas le mal pour le bien. Ne consumez pas leur héritage pour grossir le vôtre. Cette action est un crime.

2. Ne confiez pas aux soins d'un insensé les biens dont Dieu vous a donné la garde. Qu'ils servent à nourrir et à vêtir vos pupilles. Vous leur devez une éducation honnête.

Élevez-les jusqu'à ce qu'ils soient en âge de se marier, et lorsque vous les croirez capables de se bien conduire, remettez-leur l'administration de leurs biens. Gardez-vous de les dissiper en les prodiguant ou en vous hâtant de les leur confier, lorsqu'ils sont trop jeunes.

3. Que le tuteur riche s'abstienne de toucher aux biens de ses pupilles. Celui qui est pauvre ne doit en user qu'avec discrétion.

Lorsque vous leur rendrez compte de leurs biens, appelez des témoins. Dieu sera le juge de vos actions.

4. Ceux qui dévorent injustement l'héritage de l'orphelin, se nourrissent d'un feu qui consumera leurs entrailles.

5. Gardez-vous de violer ces préceptes. Ils sont émanés du Dieu savant et miséricordieux.

Celui qui les observera et qui obéira au prophète, sera introduit dans des jardins où coulent des fleuves, séjour de délices, où il goûtera une éternelle félicité.

Du Serment.

1. Soyez fidèles au pacte de Dieu, vous qui l'avez conclu ; ne violez point les serments que vous avez jurés solennellement. J'ai pris Dieu pour votre garant, et il sait ce que vous faites.

2. Ne ressemblez point à cette femme qui a défait le fil qu'elle avait tordu solidement, ne faites point entre vous de serments fallacieux, parcequ'une troupe d'entre vous est plus nombreuse qu'une autre. Dieu cherche à vous éprouver à cet égard, mais au jour de la résurrection, il vous rappellera l'objet de vos disputes.

3. Dieu ne vous châtiera pas pour un serment inconsidéré, mais il vous châtiera si vous manquez à un engagement réfléchi. L'infraction commise coûtera la nourriture de dix pauvres, nourriture de qualité moyenne et telle que vous la donnez à vos familles, ou bien leur vê-

tement, ou bien l'affranchissement d'un esclave. Celui qui sera hors d'état de satisfaire à cette peine jeûnera trois jours. Telle sera l'expiation de votre serment si vous avez juré. Observez donc vos serments. C'est ainsi que Dieu vous manifeste ses signes, afin que vous soyez reconnaissants.

4. Ne vous servez point de vos serments comme d'un moyen de fraude, de peur que vos pieds, fermement posés, ne viennent à glisser, et que vous n'éprouviez le châtiment pour avoir détourné les autres du sentier de Dieu. Un supplice terrible vous serait réservé.

Dis-leur : Dieu a défendu toute turpitude ouverte ou secrète ; il a défendu l'iniquité et la violence injuste.

Du Meurtre [1].

1. Il n'est pas permis à un Musulman d'en tuer un autre. Si le meurtre est

[1] Voyez tome 1, page 225.

involontaire, le meurtrier doit la rançon d'un fidèle captif ; et à la famille du mort la somme fixée par la loi [1], à moins qu'elle ne lui en fasse grace. Pour la mort d'un croyant, quoique d'une nation ennemie, on donnera la liberté à un prisonnier. Pour la mort d'un allié, on rachètera un fidèle de captivité, et on payera à la famille du défunt la somme prescrite. Celui qui ne trouvera point de captif à racheter, jeûnera deux mois de suite. Ces peines sont émanées du Dieu savant et sage.

2. Que la crainte de l'indigence ne vous fasse pas tuer vos enfants. Nous fournirons à leurs besoins et aux vôtres. Cette action est un attentat horrible [2].

3. Ne versez point le sang humain, si ce n'est en justice. Dieu vous le défend. Le meurtrier sera en la puissance

---

[1] Cette somme est le prix de cent chameaux. Gelaleddin.

[2] Voyez tome 1, page 208.

des héritiers du défunt ; mais ils ne doivent point excéder les bornes qui leur sont prescrites, en exigeant sa mort, parcequ'ils sont sous la protection des lois.

4. Raconte-leur l'histoire des fils d'Adam avec vérité. Ils présentèrent leurs offrandes. L'une fut reçue, l'autre rejetée. Celui qui fut refusé dit à son frère : Je te mettrai à mort. Dieu, répondit le juste, ne reçoit des victimes que des hommes pieux.

Si tu attentes à mes jours, je n'aurai point recours à la vengeance, parceque je crains le Dieu de l'univers.

Tu retourneras chargé de mes iniquités et des tiennes, et tu habiteras le feu destiné aux pervers.

Malgré ces menaces, la soif du sang prévalut dans le cœur de l'envieux. Il tua son frère, et fut au nombre des réprouvés.

Dieu envoya un corbeau qui creusa

la terre, et lui apprit la manière d'ensevelir le corps de son frère.

Malheureux que je suis! s'écria le meurtrier, ne puis-je, comme ce corbeau, creuser la terre et cacher les tristes restes de mon frère? Il se livra au repentir.

C'est pourquoi nous avons donné ce précepte aux enfants d'Israël : Celui qui tuera un homme sans en éprouver de violence, sera coupable du sang de tout le genre humain : et celui qui sauvera la vie à un homme, sera récompensé comme s'il l'avait sauvée à tout le genre humain.

Du Talion [1].

O croyants! la peine du talion est écrite pour le meurtre. Un homme libre sera mis à mort pour un homme libre, l'esclave pour un esclave, la femme pour une femme. Celui qui pardonnera au meurtrier de son frère, aura droit

---

[1] Voyez tome 1, page 229.

d'exiger un dédommagement raisonnable, qui lui sera payé avec reconnaissance. Cet adoucissement est une faveur de la miséricorde divine. Celui qui portera plus loin la vengeance, sera la proie des tourments.

O vous qui avez un cœur! vous trouverez dans la peine du talion, et dans la crainte qu'elle inspire, la sûreté de vos jours.

Du Vol[1].

Coupez les mains des voleurs, hommes ou femmes, en punition de leur crime. C'est la peine que Dieu a établie contre eux. Il est puissant et sage.

Il fera grace à celui qui, touché de repentir, se corrigera. La miséricorde est son partage.

Ignores-tu que Dieu est le souverain des cieux et de la terre, qu'il punit et pardonne à son gré, parceque sa puissance est sans bornes?

[1] Voyez tome 1, page 228.

De l'Impudicité.

Les impudiques des deux sexes seront punis de cent coups de fouet. C'est le jugement de Dieu. Vous n'aurez pour eux aucune commisération, si vous croyez en lui et au jour dernier. Que quelques fidèles soient témoins de leur châtiment.

Des Dettes.

1. O croyants! lorsque vous vous obligerez à payer une dette au terme prescrit, qu'un scribe en fasse fidèlement l'obligation. Qu'il écrive, comme Dieu le lui a enseigné; que le débiteur écrive et dicte; qu'il craigne le Seigneur, et ne retranche aucun article de la dette. Si le débiteur était ignorant, malade, ou hors d'état de dicter, que son procureur le fasse pour lui, suivant les règles de la justice. Qu'on appelle pour témoins deux hommes, ou au défaut de l'un, deux femmes choisies à votre gré.

Si l'une d'elles se trompait par oubli, l'autre pourrait lui rappeler la vérité. Que les témoins portent témoignage toutes les fois qu'ils en seront requis. Qu'on écrive en entier la dette grande ou petite, jusqu'au terme de sa liquidation. Cette précaution est plus juste devant Dieu, plus sûre pour les témoins, et plus propre à ôter tous les doutes. Si la vente se fait entre personnes présentes, et par échange, vous ne serez point obligés de l'écrire; appelez des témoins dans vos pactes, et ne faites de violence ni au scribe ni aux témoins. Ce serait commettre un crime. Craignez le Seigneur. Il vous instruira lui-même. Il possède la plénitude de la science.

Si vous êtes en voyage et que vous ne trouviez point de scribe, vous prendrez des gages. Que le débiteur en qui on aura eu de la confiance ait soin de retirer sa foi engagée. Qu'il craigne le Seigneur. Ne refusez point votre témoignage. Celui qui le refuse a le cœur corrompu ; mais Dieu connaît vos actions.

Dieu est le souverain des cieux et de la terre. Soit que vous manifestiez, soit que vous cachiez ce qui est dans vos cœurs, il vous en demandera compte.

2. Si votre débiteur a de la peine à vous payer, donnez-lui du temps, ou si vous voulez mieux faire, remettez-lui sa dette. Si vous saviez !

Craignez le jour où vous reviendrez à Dieu, où chacun recevra le prix de ses œuvres, et où l'exacte équité présidera aux jugements.

L'Usure.

1. O croyants ! ne multipliez point vos richesses par l'usure.

Ceux qui exercent l'usure ne sortiront de leurs tombeaux que comme des malheureux agités par le démon, parcequ'ils ont dit qu'il n'y a point de différence entre la vente et l'usure. Dieu aurait-il permis l'une et défendu l'autre? Celui à qui parviendra cet avertissement du Seigneur, et qui renoncera au mal, recevra le pardon du passé, et le ciel sera témoin de son action. Celui qui retournera au crime sera la proie d'un feu éternel.

Dieu détourne sa bénédiction de l'usure et la verse sur l'aumône. Il hait l'infidèle et l'impie.

O croyants! craignez le Seigneur, et si vous êtes fidèles, réparez l'usure que vous avez exercée. Si vous refusez d'obéir, attendez-vous à la guerre de la part de Dieu et de son apôtre. Si vous obéissez à sa voix, vous retrouverez vos richesses. Ne soyez point injustes, et on ne le sera point envers vous.

2. L'usure, par laquelle l'homme veut augmenter ses richesses, ne produira rien auprès de Dieu. L'aumône que vous faites dans l'espoir de mériter sa présence, multipliera au centuple.

De la Guerre.

1. Il est écrit que vous combattrez, et vous avez la guerre en horreur. Mais vous pouvez haïr ce qui vous est avantageux, et desirer ce qui vous est nuisible. Dieu sait ce qui vous convient, et vous l'ignorez.

Ils te demanderont si l'on combattra dans les mois sacrés ; dis-leur : La guerre, pendant ce temps, vous est pénible ; mais écarter les croyants de la voie du salut, être infidèles à Dieu, chasser ses serviteurs du temple saint, sont des crimes horribles à ses yeux. L'idolâtrie est pire que le meurtre.

2. O croyants, quelle fut votre consternation, lorsqu'on vous dit : Allez combattre pour la foi ! Préféreriez-vous donc la vie du monde à la vie future ? Mais que sont les biens terrestres, en comparaison des jouissances du ciel ?

Si vous ne marchez au combat, Dieu

vous punira sévèrement : il mettra à votre place un autre peuple, et vous ne pourrez suspendre sa vengeance, parceque sa puissance est infinie.

Si vous refusez votre secours au prophète, il aura Dieu pour appui. Son bras le protégea quand les infidèles le chassèrent. Un des compagnons de sa fuite le secourut lorsqu'ils se réfugièrent dans la caverne. Ce fut alors que Mahomet lui dit : Ne t'afflige point, le Seigneur est avec nous. Le ciel lui envoya la sécurité et une escorte d'anges invisibles à vos yeux. Les discours de l'impie furent anéantis, et la parole de Dieu exaltée. Il est puissant et sage.

Jeunes et vieux, marchez au combat, et sacrifiez vos richesses et vos vies pour la défense de la foi. Il n'est point pour vous de plus glorieux avantage. Si vous saviez !

L'espoir d'un succès prochain et facile, les aurait fait voler au combat ;

mais la longueur du chemin les a effrayés. Ils jureront par le nom de Dieu que, s'ils avaient pu, ils auraient suivi tes drapeaux. Ils perdent leurs ames, car Dieu connaît leurs mensonges.

Puisse le ciel te pardonner ta condescendance à leurs désirs ! Il te fallait du temps pour distinguer les menteurs d'avec ceux qui disent la vérité.

Ceux qui croient en Dieu et au jour dernier, ne te demanderont point d'exemption. Ils sacrifieront leurs richesses, et verseront leur sang pour la cause de Dieu. Il connaît ceux qui le craignent.

Mais ceux qui ne croient ni en Dieu, ni au jugement dernier, et qui errent dans le vague du doute, te prieront de les exempter du combat.

S'ils avaient eu dessein de suivre l'étendard de la foi, ils auraient fait des préparatifs ; mais le ciel a rejeté leur service ; il a augmenté leur lâcheté, et on leur a dit : Restez avec les femmes.

S'ils étaient partis avec vous, ils n'auraient servi qu'à vous causer des dépenses, et à semer la division parmi vos troupes. Plusieurs eussent prêté l'oreille à leurs discours séditieux; mais le Seigneur connaît les pervers.

Déja ils ont voulu allumer le feu de la rébellion. Ils ont contrarié tes projets jusqu'à ce que la vérité étant descendue du ciel, la volonté de Dieu s'est manifestée contre leur opposition.

Plusieurs d'entre eux te diront : Exempte-nous de la guerre; ne nous enveloppe pas dans la dissension. N'y sont-ils pas tombés? Mais l'enfer environnera les infidèles.

Vos succès les affligeront, et au bruit de vos disgraces, ils s'écrieront : Nous avons pris notre parti d'avance. Ils retourneront à l'infidélité, et se réjouiront de vos malheurs.

Dis-leur : Il ne nous arrivera que ce que l'Éternel a écrit. Il est notre Seigneur. Que les fidèles mettent en lui leur confiance.

3. Les croyants qui s'arracheront du sein de leurs familles, pour se ranger sous les étendards de Dieu, sacrifiant leurs biens et leurs vies, auront les places les plus honorables dans le royaume des cieux. Ils jouiront de la félicité suprême. Dieu leur promet sa miséricorde. Ils seront l'objet de ses complaisances, et ils habiteront les jardins de délices où règnera la souveraine béatitude. Là, ils goûteront d'éternels plaisirs, parceque les récompenses du Seigneur seront magnifiques.

4. O croyants! lorsque vous marcherez pour la guerre sainte, pesez vos démarches. Que la soif du butin ne vous fasse pas dire de celui qui vous saluera paisiblement, c'est un infidèle. Telle fut votre conduite passée. Le ciel

vous l'a pardonnée. Examinez avant d'agir. Dieu est le témoin de vos actions.

Les fidèles qui restent au sein de leur famille sans nécessité, ne seront pas traités comme ceux qui défendent la religion de leurs biens et de leurs personnes. Dieu a élevé ceux-ci au-dessus des autres. Tous posséderont le souverain bien; mais ceux qui marchent au combat auront un sort plus glorieux.

Un rang distingué, la clémence et la miséricorde divine seront leur partage.

5. O croyants! soyez prudents dans le combat, soit que vous attaquiez séparément ou en corps.

Il y en aura parmi vous qui resteront en arrière. Ils se féliciteront de vos revers, et rendront graces au ciel de ce qu'ils n'auront pas assisté au combat.

Si Dieu vous envoie la victoire, ils diront (comme si ce n'était pas l'amitié qui dût les faire agir) : Plût au ciel que nous eussions combattu avec eux! Nous aurions remporté un riche butin.

6. Souvenez-vous que vous devez la cinquième part du butin à Dieu, au prophète, à ses parents, aux orphelins, aux pauvres et aux voyageurs, si vous croyez en Dieu, et à ce que nous révélâmes à notre serviteur, dans ce jour mémorable où les deux armées se rencontrèrent. La puissance du Seigneur est infinie.

7. Que ceux qui sacrifient la vie du monde à la vie future, se rangent sous les étendards du Seigneur, et soit qu'ils succombent en combattant, soit qu'ils sortent victorieux du combat, ils recevront une récompense glorieuse.

Qui pourrait vous empêcher de combattre pour la foi, pour ceux d'entre vous qui sont faibles, pour des femmes, des enfants qui s'écrient : Seigneur, tirenous de cette ville perverse, et nous envoie un défenseur?

Vous avez remarqué ceux qui,

exempts pendant un temps de porter les armes, doivent faire la prière et l'aumône : lorsqu'on leur a commandé de combattre, la plupart craignant les infidèles autant ou plus que Dieu même, se sont écriés : Seigneur, pourquoi nous ordonnes-tu la guerre? pourquoi ne nous laisses-tu pas parvenir au terme de nos jours? Réponds-leur : Les jouissances du monde sont passagères : la vie future est le vrai bien pour ceux qui craignent Dieu. Là, personne ne sera trompé.

En quelque lieu que vous soyez, la mort vous surprendra. Les tours élevées ne vous défendront point contre ses coups. Les infidèles remportent-ils quelque avantage, vous dites : C'est Dieu qui le leur envoie. Essuyez-vous quelque disgrace, vous en accusez le prophète. Tout vient de Dieu. Mais à peine comprenez-vous ce qu'on vous explique.

O croyants ! lorsque vous rencontrerez l'armée ennemie marchant en ordre, ne prenez pas la fuite.

Quiconque tournera le dos au jour du combat, à moins que ce ne soit pour combattre, ou pour se rallier, sera chargé de la colère de Dieu, et aura pour demeure l'enfer, séjour de misère.

Lorsqu'on dit aux croyants : Venez combattre sous l'étendard de la foi, venez repousser l'ennemi, ils répondirent : Si nous savions combattre, nous vous suivrions. Dans cet instant ils étaient plus près de l'infidélité que de la foi.

Leur cœur démentait ce que proférait leur bouche ; mais Dieu sait ce qu'ils cachaient.

Réponds à ceux qui, restés au sein de leurs foyers, s'écrièrent, si nos frères nous avaient cru ils ne seraient pas morts : Mettez-vous à l'abri de la mort si vous êtes véridiques.

Ne croyez pas que ceux qui ont succombé soient morts; au contraire, ils vivent et reçoivent leur nourriture des mains du Tout-Puissant.

Enivrés de joie, comblés des graces du Seigneur, ils se réjouissent de ce que ceux qui marchent sur leurs traces, et qui ne les ont pas encore atteints, seront à l'abri des frayeurs et des peines.

Ils se réjouissent de ce que le Seigneur a versé sur eux les trésors de sa bienfaisance, et de ce qu'il ne laisse point périr la récompense des fidèles.

Ceux qui, à la nouvelle des forces que l'ennemi rassemblait, loin de s'effrayer, se sont écriés : Dieu nous suffit, il est le dispensateur de toutes choses,

Sont retournés comblés des faveurs du ciel. L'adversité ne les a point éprouvés, parcequ'ils ont suivi la volonté de Dieu, dont la libéralité est infinie.

8. Les faibles, les malades, les bienfaisants, et ceux qui ne pourraient s'entretenir, ne sont point obligés de combattre ; pourvu qu'ils consultent Dieu et

son envoyé. Ils éprouveront l'indulgence et la miséricorde du Seigneur.

9. Les croyants qui, t'ayant demandé des chevaux que tu ne pus leur fournir, s'en retournèrent les larmes aux yeux, désespérés de ne pouvoir verser leur sang pour la cause de Dieu, n'ont point de reproche à craindre.

Mais les riches qui te demandent des exemptions sont coupables. Ils préfèrent de rester dans leurs maisons.

Dieu imprime le sceau de sa réprobation sur leurs cœurs, et ils l'ignorent.

Ils viendront s'excuser à votre retour. Dis-leur : Vos excuses sont vaines. Nous ne vous croyons point. Dieu nous a manifesté votre conduite. Dieu et son ministre l'examineront. Vous serez conduits devant celui qui connaît les secrets. Il dévoilera à vos yeux ce que vous aurez fait.

Satisfaits d'avoir laissé partir le prophète, ils ont refusé de soutenir la cause du ciel, de leurs biens et de leurs personnes, et ils ont dit : N'allons pas combattre pendant la chaleur. Réponds-leur: Le feu de l'enfer sera plus terrible que la chaleur. S'ils le comprenaient !

Qu'ils rient quelques instants! de longs pleurs seront le fruit de leur conduite.

Si Dieu te ramène du combat, et qu'ils demandent à te suivre, dis-leur : Je ne vous recevrai point au nombre de mes soldats; vous ne combattrez point sous mes étendards. Dès la première rencontre vous avez préféré l'asile de vos maisons au combat. Restez avec les lâches.

Si quelqu'un d'entre eux meurt, ne prie point pour lui; ne t'arrête point sur sa tombe, parcequ'ils ont refusé de croire en Dieu et en son envoyé, et qu'ils sont morts dans leur infidélité.

Ils ont voulu demeurer avec les lâches. Dieu a scellé leurs cœurs. Ils n'écouteront plus la sagesse.

Mais le prophète et les croyants, qui

ont sacrifié leurs biens, et versé leur sang, pour la défense de l'Islamisme, seront comblés des faveurs du ciel, et jouiront de la félicité.

10. Si vous rencontrez les infidèles, combattez-les jusqu'à ce que vous en ayez fait un grand carnage; chargez de chaînes les captifs.

Soit que vous mettiez un prix à leur liberté, soit que vous les renvoyiez sans rançon, attendez que la guerre ait éteint son flambeau. Tel est l'ordre du ciel. Il peut les exterminer sans le secours de votre bras; mais il veut vous éprouver les uns par les autres. La récompense de ceux qui mourront en combattant pour la foi ne périra point.

Dieu sera leur guide; il rectifiera leur intention.

Il les introduira dans le jardin de délices dont il leur a fait la peinture.

O croyants! défendez la cause de Dieu; il vous aidera, et il affermira vos pas.

11. Nous éprouverons votre courage et votre constance dans les combats, jusqu'à ce que nous en soyons certains, et que nous puissions juger de vos exploits.

12. Les impies qui mettront un obstacle à ceux qui veulent combattre pour la foi, et qui mourront dans leur infidélité, n'auront plus de pardon à espérer.

Ne montrez point de lâcheté. N'offrez point la paix. Vous êtes supérieurs à vos ennemis. Dieu est avec vous; il secondera vos efforts.

13. O fidèles! je vous invite à sacrifier une partie de vos richesses pour la guerre sainte. Il en est parmi vous que l'avarice retient. Elle retombera sur eux. Dieu est riche, et vous êtes pauvres. Si vous refusez d'obéir, il mettra à votre place d'autres peuples meilleurs que vous.

FIN.

TABLE DES MATIÈRES.

PREMIÈRE PARTIE. — MORALE.

Introduction ou prière.	1
Du Korân.	2
Préceptes moraux.	7
Des justes.	30
Les méchants.	35
Le menteur.	40
Des richesses.	41
De l'avarice.	45
L'orgueil.	46

DEUXIÈME PARTIE. — RELIGION.

Dieu.	50
Unité de Dieu.	57
De Jésus et de Marie.	61
Les Juifs et les Chrétiens.	70
De l'idolâtrie.	92
Des anges.	97
Des génies.	110
De la prière.	112
L'aumône.	118
Le jeûne.	122
Des viandes défendues.	124
Du vin et du jeu.	127

Des mois sacrés. 128
Le vendredi. 129
Pèlerinage. 130
Les deux livres. 135
Le paradis. 139
Barrière entre le paradis et l'enfer. 143
L'enfer. . . . . Id.
La résurrection 148

TROISIÈME PARTIE. — LOIS CIVILES.

Du mariage. 168
La répudiation. 178
De l'adultère. 184
Héritages. 187
Des orphelins. 193
Du serment. 195
Du meurtre. 196
Du talion. 199
Du vol. 200
De l'impudicité. 201
Des dettes. . . . . Id.
De l'usure 203
De la guerre 204

www.ingramcontent.com/pod-product-compliance
Lightning Source LLC
Chambersburg PA
CBHW051908160426
43198CB00012B/1804